U0069935

# 胡伯岳日記

## （1942-1947）

The Diaries of HU Pou-yeh

胡伯岳　原著

劉維開　主編

# 民國日記 | 總序

呂芳上
民國歷史文化學社社長

　　人是歷史的主體，人性是歷史的內涵。「人事有代謝，往來成古今」（孟浩然），瞭解活生生的「人」，才較能掌握歷史的真相；愈是貼近「人性」的思考，才愈能體會歷史的本質。近代歷史的特色之一是資料閎富而駁雜，由當事人主導、製作而形成的資料，以自傳、回憶錄、口述訪問、函札及日記最為重要，其中日記的完成最即時，描述較能顯現內在的幽微，最受史家重視。

　　日記本是個人記述每天所見聞、所感思、所作為有選擇的紀錄，雖不必能反映史事整體或各個部分的所有細節，但可以掌握史實發展的一定脈絡。尤其個人日記一方面透露個人單獨親歷之事，補足歷史原貌的闕漏；一方面個人隨時勢變化呈現出不同的心路歷程，對同一史事發為不同的看法和感受，往往會豐富了歷史內容。

　　中國從宋代以後，開始有更多的讀書人有寫日記的習慣，到近代更是蔚然成風，於是利用日記史料作歷史

研究成了近代史學的一大特色。本來不同的史料，各有
不同的性質，日記記述形式不一，有的像流水帳，有
的生動引人。日記的共同主要特質是自我（self）與私
密（privacy），史家是史事的「局外人」，不只注意史
實的追尋，更有興趣瞭解歷史如何被體驗和講述，這
時對「局內人」所思、所行的掌握和體會，日記便成
了十分關鍵的材料。傾聽歷史的聲音，重要的是能聽
到「原音」，而非「變音」，日記應屬原音，故價值
高。1970 年代，在後現代理論影響下，檢驗史料的潛
在偏見，成為時尚。論者以為即使親筆日記、函札，亦
不必全屬真實。實者，日記記錄可能有偏差，一來自時
代政治與社會的制約和氛圍，有清一代文網太密，使讀
書人有口難言，或心中自我約束太過。顏李學派李塨死
前日記每月後書寫「小心翼翼，俱以終始」八字，心所
謂為危，這樣的日記記錄，難暢所欲言，可以想見。二
來自人性的弱點，除了「記主」可能自我「美化拔高」
之外，主觀、偏私、急功好利、現實等，有意無心的記
述或失實、或迴避，例如「胡適日記」於關鍵時刻，不
無避實就虛，語焉不詳之處；「閻錫山日記」滿口禮義
道德，使用價值略幾近於零，難免令人失望。三來自旁
人過度用心的整理、剪裁、甚至「消音」，如「陳誠日
記」、「胡宗南日記」，均不免有斧鑿痕跡，不論立意
多麼良善，都會是史學研究上難以彌補的損失。史料之
於歷史研究，一如「盡信書不如無書」的話語，對證、
勘比是個基本功。或謂使用材料多方查證，有如老吏斷
獄、法官斷案，取證求其多，追根究柢求其細，庶幾還

原案貌，以證據下法理註腳，盡力讓歷史真相水落可石出。是故不同史料對同一史事，記述會有異同，同者互證，異者互勘，於是能逼近史實。而勘比、互證之中，以日記比證日記，或以他人日記，證人物所思所行，亦不失為一良法。

從日記的內容、特質看，研究日記的學者鄒振環，曾將日記概分為記事備忘、工作、學術考據、宗教人生、游歷探險、使行、志感抒情、文藝、戰難、科學、家庭婦女、學生、囚亡、外人在華日記等十四種。事實上，多半的日記是複合型的，柳貽徵說：「國史有日歷，私家有日記，一也。日歷詳一國之事，舉其大而略其細；日記則洪纖必包，無定格，而一身、一家、一地、一國之真史具焉，讀之視日歷有味，且有補於史學。」近代人物如胡適、吳宓、顧頡剛的大部頭日記，大約可被歸為「學人日記」，余英時翻讀《顧頡剛日記》後說，藉日記以窺測顧的內心世界，發現其事業心竟在求知慾上，1930 年代後，顧更接近的是流轉於學、政、商三界的「社會活動家」，在謹厚恂恂君子後邊，還擁有激盪以至浪漫的情感世界。於是活生生多面向的人，因此呈現出來，日記的作用可見。

晚清民國，相對於昔時，是日記留存、出版較多的時期，這可能與識字率提升、媒體、出版事業發達相關。過去日記的面世，撰著人多半是時代舞台上的要角，他們的言行、舉動，動見觀瞻，當然不容小覷。但，相對的芸芸眾生，識字或不識字的「小人物」們，在正史中往往是無名英雄，甚至於是「失蹤者」，他們

如何參與近代國家的構建，如何共同締造新社會，不應
該被埋沒、被忽略。近代中國中西交會、內外戰事頻
仍，傳統走向現代，社會矛盾叢生，如何豐富歷史內
涵，需要傾聽社會各階層的「原聲」來補足，更寬闊的
歷史視野，需要眾人的紀錄來拓展。開放檔案，公布公
家、私人資料，這是近代史學界的迫切期待，也是「民
國歷史文化學社」大力倡議出版日記叢書的緣由。

# 導言

## 劉維開
國立政治大學歷史學系兼任教授

一

　　胡伯岳，原名毓岱，以字行。山西虞鄉縣人，生於民國前十八年八月二十二日，病逝於民國七十四年四月十一日，享壽九十二歲。

　　先生於民國六年畢業於國立北京法政專門學校法律科，旋赴西安執律師業。七年，于右任組建「靖國軍」，與南方護法之師相應；先生由同鄉關芷洲、王平政介紹加人，任總司令部秘書兼《戰事日刊》編輯。該刊為西北地區主要革命刊物，先生每日撰寫社論，以發揚民治，鼓舞士氣。民國十三年，先生正式加人中國國民黨，十六年任國民革命軍駐陝總司令部秘書兼特別黨部執行委員，嗣後曾短暫出任陝西省渭南縣及河南省河陰縣兩縣縣長。民國十七年中國國民黨山西省黨部改組，成立山西黨務指導委員會，中央指派先生與苗培成、姚大海、韓克溫等九人任山西黨務指導委員；次年山西省黨部召開第二次全省代表大會，當選執行委員兼常務委員，先後代表山西出席中國國民黨第三、四、五、六次全國代表大會及臨時全國代表大會。

民國二十二年三月，國民政府任命先生為監察院監
察委員，至三十七年行憲後卸職，前後達十五年。抗戰
軍興，政府為整飭軍風紀，於軍事委員會成立戰區軍風
紀巡察團，先生先後兼任第一、第四巡察團委員；三
十三年，復奉派為監察院戰區第二巡察團主任委員，巡
察長江以北各戰區及西北各省。抗戰勝利後，於民國三
十五年奉派參加東北區敵偽物資接收處理清查團工作，
事竣，又奉派為平津冀軍風紀吏治督察團委員，駐節
北平。

民國三十七年行憲政府成立，先生經總統提名，監
察院同意，任第一屆司法院大法官，三十八年山河變
色，隨中央政府來臺，至四十七年九月任期屆滿，連任
第二、三屆。先生亦為三十七年七月十四日，總統特任
十二位第一屆司法院大法官中，唯一完成九年任期者。
民國六十五年九月，第三屆司法院大法官任期屆滿，先
生時已八十三歲，辦理退職，先後任司法院大法官二
十七年。

先生生活簡樸，喜為詩詞，民國六十八年曾將抗戰
時期奉派巡察各戰區，所見所聞，或與友人唱和之作品
輯錄為《知止齋存稿》，分贈親友留存。

二

本書所輯，為先生早年回憶、抗戰期間參加軍風紀
巡察團時期日記，以及抗戰勝利後參加清查東北接收物
資日記、第二次赴東北視察日記與參加平津冀軍紀吏治
督察團工作之回憶。

　　早年回憶，為先生記述其家世，及求學、參加靖國軍、入黨與早年工作之回憶。

　　軍風紀巡察團時期日記，為先生於民國三十一年至三十五年任軍事委員會戰區軍風紀巡察團委員及監察院戰區第二巡察團主任委員期間之日記。軍事委員會戰區軍風紀巡察團係軍事委員會為整飭戰時綱紀，促進抗戰效能，分區設置之組織。依《軍事委員會戰區軍風紀巡察團規程》，各巡察團設主任委員一人，由軍事委員會特派陸軍上將擔任；委員六至十人，由中國國民黨中央執行（監察）委員、國民參政會參政員、軍事委員會高級軍官、監察院監察委員、軍事委員會軍法執行總監部高級督察官與高級軍法官擔任；主任委員承軍事委員會委員長之命，主持巡察團一切事宜，委員受主任委員之指導，分任巡察及特定任務。巡察團之職責，主要為糾察戰區內軍風紀及文武官員貪污瀆職與其他不法事項，並接受民眾關於各該事項之控告；其他包括考察並促進改善各縣市役政及傷退官兵之治療管理與難民救濟等事項、考察並促進改善各部隊之經理衛生事項、督促地方官吏整理庶政並促進軍民合作精神等。巡察團發覺軍風紀不良而尚無觸犯軍法罪嫌者，應隨時予以糾正，並通知該管高級長官，以後注意，切實整飭；發覺或接受民眾控告文武官吏不法事件，經檢查有據者，應審酌情形連同證件，分別移送軍法執行總監部或戰區軍法執行監部或分監部及其他有軍法審判權各機關訊辦，其依法不受軍法審判者，則移送法院辦理。先生以監察院監察委員，於民國二十七年九月奉軍事委員會派兼任第一巡察

團委員（主任委員為金漢鼎，委員除先生外，有李子韶、趙宜齋、倪弼、張竹溪、陳積善、吳少訪、黃公恕、張嗣基），三十一年七月調任第四巡察團委員（主任委員石敬亭，委員除先生外，有樂景濤、關蘊中、陳敬恒、黃公恕，少將主任幹事李維翰），足跡遍歷蘇、浙、皖、贛、閩、粵、湘、桂八省，先生於日記中對巡察經過及地方風土民情，多有敘述。[1]民國三十三年初，先生離團返鄉省親，復辭巡察團委員職，日記多為有事則記，無事不記，且所記內容較為簡略。是年十二月，奉監察院派兼任監察院戰區第二巡察團主任委員。

　　監察院戰區巡察團著重於政治方面，與軍事委員會戰區軍風紀巡察團偏重於軍事方面不同，屬於監察權行使的一部份，其組織規程第一條為：「監察院為行使監察權，增進抗戰建國工作效能起見，特設戰區巡察團。」巡察團直隸監察院，以監察委員三人組成，由院長指定一人為主任委員，主持事務。各巡察團之監察委員除依法行使監察職權外，並承監察院長之命，辦理特定任務。抗戰勝利後，監察院將戰區巡察團更名為巡察團，繼續執行巡察工作。民國三十一年，監察院依據《監察院戰區巡察團組織規程》先後組成戰區第一、第二兩巡察團，以第一巡察團巡察長江以南各戰區，第二巡察團巡察長江以北各戰區。先生於三十三年十二月接

---

1　第一、第四巡察團委員名單係根據先生日記所記列出。根據《大公報》1943 年 2 月 21 日報導，第四巡察團委員為胡伯岳、關穎凱、黃道崇、陳可侯，因資料有限，目前除由先生所記通訊錄中確定黃道崇即黃公恕外，無法確定關、陳兩人與先生日記所記關蘊中、陳敬恒是否為同一人。

替何基鴻委員,任第二巡察團主任委員。其三十三年
十二月至三十五年六月日記為監察院戰區巡察團時期日
記,因其記事較簡,且部份內容與軍風紀巡察團有關,
一併列入軍風紀巡察團時期日記。

　　清查東北接收物資日記,係先生於民國三十五年
八、九兩月兼任接收處理敵偽物資工作清查團東北區委
員時期之日記。接收處理敵偽物資工作清查團係國民政
府為明瞭收復區各地接收敵偽物資真象而成立之單位,
由中國國民黨中央監察委員會、國民參政會、國民政府
監察院互派委員若干人組成。清查團分為蘇浙皖、湘鄂
贛、粵桂、冀察熱綏、魯豫、臺閩、東北七區,每區設
團長一人,每團分二組至三組,每組委員三人,互推組
長一人;團設秘書一人,組設幹事一人。依《清查接收
處理敵偽物資辦法》規定,清查團清查範圍以黨政軍經
濟接收機關為限,其事項為:各地接收敵偽軍用品及製
造場廠工商廠礦原料成品機關學校房地倉庫農場及其他
物資;接收機關辦理情形;接收物資之走漏及損燬之數
量原因及其負責人有無貪污舞弊情事;工礦廠商停閉及
開工情形;各地密報物資之沒收發還有無冤抑及舞弊情
事。東北區團長錢公來(參政會),委員郭任生、王寒
生(參政會)、王德溥(中監會,未到任)、金毓黻及
先生(監察院),秘書彭芹蓀,幹事劉延福。清查團成
員先於八月二日由南京至北平,六日轉赴瀋陽,展開工
作。所到區域包括瀋陽、營口、遼陽、鞍山、撫順、永
吉、錦州等八地、九月二十六日由瀋陽赴錦州,二十九
日返抵北平。清查團之工作方式,係每到一地,先召集

接收機關，報告各該主管機關之接收部門及情形，團長、委員聽取報告，隨時質詢，並由接收機關出具書面報告，然後參考密告，加以調查，並將其接收之工場礦山，或其他物資，擇其重要或有可疑者，視察其真實情形，隨時筆錄，遇其處理不當，保管不力者，即予隨時糾正。如責任在上級者，則向其上級說明，加以改善，如遇有舞弊情事，證據確鑿者，即交司法機關依法偵查。如其中有關接收舞弊之嫌疑者，即予以派員祕密調查，按其實情，分別處理。關於密告者，清查團在前述所到區域共接受各方密告三三六件，其中經查明認為有違法舞弊之嫌，送交各當地法院審訊者十一件，其餘送交主管機關核辦者一一九件，經調查並無違法舞弊之嫌者一四八件，不屬於清查團主管範圍不受理者五八件。清查團於工作結束後，編輯有《東北區清查團工作報告》，說明清查團工作內容，而由先生日記，不僅可以覆核報告內容，並可以對清查團的實際工作情形有較多的了解。

第二次赴東北視察日記，為先生於三十六年三月至七月奉監察院令派赴東北巡察之日記，因前一年八、九月，先生兼任接收處理敵偽物資工作清查團東北區委員為第一次至東北巡察，故自稱此次為「第二次東北之行」。

參加平津冀軍紀吏治督察團工作，為先生兼任平津冀軍紀吏治督察團委員之回憶。平津冀軍紀吏治督察團係民國三十六年七月，國民政府主席電令監察院，以平津為華北局勢之樞紐，軍政配合最關重要，嚴肅貪污，

整飭軍紀吏治為關鍵所在，飭聯合軍政民意機關，組成督導團，經常巡察。監察院旋即轉飭河北監察使署擬訂辦法，設立平津冀區軍紀吏治督察團，以監察院河北監察使李嗣聰兼任團長，由參加單位推派委員組成。委員六人，除先生為監察院指派者外，其餘五人為北平、天津、河北三省市臨時參議會議長谷鍾秀、時子周、劉瑤章，及國民政府主席北平行轅副主任吳奇偉、第十一綏靖公署副主任馬法五。於八月二十四日舉行第一次團務會議，正式開始工作。依據《平津冀軍紀吏治督察團組織規程》，督察團查覺區內軍政人員有貪污瀆職情事者，得按其身份移送軍法機關或法院予以偵審，並由團長呈報監察院查核；遇有軍紀吏治不良或軍政人員處置失當、工作不力等情，應隨時通知其主管長官予以糾正，該主管長官並應將辦理情形，從速答覆督察團。督察團成立後，在北平、天津、保定、石門、唐山五地報紙刊登成立啟事，以便人民週知，並分在北平、天津、保定三地設置告密箱六處，接受民眾密告。督察團收到民眾書狀或密告後，先按其性質分為軍事、政治、雜項三組審核，然後提交每日早上的工作會報，按情節輕重，決定（一）委員調查、（二）職員調查、（三）函主管機關或有關機關查明見復、（四）函主管機關查辦見復。依據督察團成立初期的工作報告，自督察團開始工作至九月三十日，共收到書狀密告九五三件，依其性質分類，軍事類二五八件，其中以強佔民房者五十八件最多，其次為貪污瀆職者三十七件；政治類五五五件以貪污瀆職二六二件最多，其次為勒榨人民者四十八件；

其他一四〇件，以糾舉漢奸者四十八件最多，其次為其他二十一件。先生回憶中提及天津警備司令盧濟清案、十一綏靖公署高級參謀苑崇穀案、天津地方法院首席檢查官陳嗣哲案等，均為督察團辦理之重大案件。

三

先生日記及回憶錄，由其次孫胡元康先生保存。筆者與元康同參與山西同鄉會活動，於閒聊中，元康談及先生留有日記事。先君劉象山早年追隨苗培成先生，苗氏與先生同為中國國民黨山西省黨部委員，交誼甚篤，先君因此結識先生。復於抗戰勝利後，先君任職監察院河北監察使署時，曾參與平津冀軍風紀吏治督察團工作，與先生共事。來臺後，時有往來，筆者亦曾隨先君多次前往先生住所探望，對先生音容至今仍留有印象。得知元康保存有先生早年回憶及日記，遂商請提供一閱，元康告知曾將該資料複印一份留存，乃將複印件交付筆者。筆者閱讀後，以為訓政時期監察權行使與實際運作之相關資料，目前僅見苗培成之《皖贛工作紀要》、《往事紀實》兩書，及相關人士如楊亮功、陳肇英等回憶。先生日記內容固然與其在抗戰時期以及抗戰勝利後之行止有關，更因先生在戰時以監察委員兼任軍事委員會戰區軍風紀巡察團委員、監察院戰區巡察團主任委員，戰後兼任接收處理敵偽物資工作清查團東北區委員、平津冀軍紀吏治督察團委員等職務，對監察權行使之實際作為，具有史料價值，實可出版，提供研究者參考，並可與苗氏兩書參看。元康同意，但以原

稿為先生以標準草書書寫，需繕打謄正，且日記中所提及人士，宜有說明，遂將相關工作交由筆者負責。先生日記分為三冊，自題名「回憶錄初稿」，第一冊為早年回憶，第二冊為戰後擔任接收處理敵偽物資工作清查團東北區委員時期之日記及平津冀軍紀吏治督察團委員之回憶，第三冊為擔任軍事委員會戰區軍風紀巡察團委員及監察院戰區第二巡察團主任委員期間之日記，並附有詩稿、親友通訊錄及郵資、往來里程數等資訊。經整理將回憶錄及日記依時序排列，詩稿則因先生生前已出版《知止齋存稿》，與通訊錄等資訊未收入。日記整理完成後，承民國歷史文化學社同意列入「民國日記」系列出版，謹此致謝。

# 目錄

# 早年回憶

# 關家莊興學記

　　清光緒三十一年，清政府停科舉，興學校，是時陝西城固賴慶榮（字華峯）任吾邑知縣。賴舉人出身，對變法維新素極主張，如派遣邑人胡足剛、王士選、王江澄三人赴日留學，招集地方紳士籌辦初級小學，可謂開風氣之先。

　　吾邑初為分縣，至清代始建虞鄉縣治，文風素不盛，讀書人甚少，其原因：

（一）鄉間多係農家，生產貧乏，經濟困難，無力
　　　　上學；

（二）師資缺乏，欲設立一私塾，聘請教員，誠非易
　　　　事，要聘一品學兼優之士，則更難矣。

　　因此寧願子弟作農夫以歿世，而讀書士子，則甚少焉，即使讀書，僅在幼時數年之間，亦識字無幾，僅能寫姓名，記帳簿而已。

　　清代同治、光緒年間，卿頭鎮樊生基（舉人）、余伯祖父廷贊公、祖父廷敬公（貢生）各在本村鎮設館授徒，一時本地方及鄰邑有志之士，多聞風來學，二十年之間，風氣為之一變。余三叔祖廷弼公雖平日以農為本業，主持家務，惟對讀書，則極重視，此固受兩兄長之影響不小，其本人亦頗有遠識，急公好義，時為縣紳，與知縣賴慶榮相處頗得，一聞清廷變法維新，廢科舉，興學校，即毅然以創辦本村初級小學為己任。

　　創辦學校，當然以經費為第一，校舍亦須首先決定，三叔祖於得縣署同意，即招集村中各老者籌劃，即

議定暫借胡氏家廟為校舍，以村中各廟公地所出之滋息作經費，關家莊初等小學校，遂於清光緒三十二年正式成立。

學校成立後，村中子弟入學者約九十餘人，按年齡分四班授課，聘教員四人，功課除仍舊讀經作文外，另增修身、算學、格致、圖畫數門，規模初具矣，是為記。

## 附錄小誌

茲將民國二十五年以前，在初小畢業升入高等小學，並在中學、大學、專門畢業者之姓名署列於後，以見本村創辦學校之成效：

張成蹊　太原農林學校肄業，一生任小學校教員。

胡廷桂　國立北京法政專門學校畢業，習政治經濟，曾任陝西膚施縣長。

趙鴻儒　太原警察學校畢業，曾任太原警察分局局長、省議員及師長等職。

胡毓岱　國立北京法政專門學校畢業，習法律，履歷從略。（畢業後以字行）[1]

胡聯甲　山西大學畢業，任中學教員。

胡三餘　山西大學、參謀大學、日本士官學校畢業，曾任山西砲兵司令等職。

胡毓岐　山西大學畢業，曾任中央銀行行員。

張成功　太原法政？

---

1　胡伯岳先生原名毓岱，以字行。

楊　珍　師範畢業，曾任省議員，河北某縣縣長。

趙敏德　縣立高小畢業，因家寒未再升學。

## 趙敏德小傳

　　趙敏德字潤生，清光緒甲午年生。九歲入私塾，記憶力頗強，在小學即讀完四書、詩經、書經、易經，並善書，惟鄉間無好碑帖，卒未能有所成就。在縣立高小畢業後，因不能繼續求學，恆怏怏寡言笑，里人多不識其心中所蘊蓄之志趣為何也。蓋其所志者大，決不願作一農夫而歿世。民國六年至關中，即約同友人李登科從軍；七年投靖國軍効力，在第三路于鳴岡部下任連長，防守渭河，敵無得渡者。九年秋，于鳴皋赴三原東關某君宴，于以素與之有隙，心甚疑之，恐非善意，臨行約潤生隨護，鳴皋為于鳴岡之長兄，平日潤生至厚，未便卻之，允與同行，並各懷手槍一枝。至東關，甫入門即被包圍，屋外槍聲大作，兩人即予抵抗，子彈告罄，遂遇害。潤生天性聰敏，為人爽直，抱負不凡，歿年僅二十有七，惜哉。

　　民國六年，在長安常來往於余律師事務所者有三生，即同村趙潤生、猗氏關坦生、永濟秦雨生，性情相似，年齡亦相若，均極勇敢，富熱誠。潤生死於于鶴九之難，[2] 城門失火，殃及魚池，可謂意外之不幸。坦生抗戰時期，在山西作戰陣亡，為國犧牲，不愧軍人本色。雨生於抗戰後民國三十五年二月曾一遇於風陵

---

2 于鶴九，字鳴臬。

渡，迄今時隔二十餘年，消息阻絕，情況莫知矣，姑記
於此。

## 胡廷桂

同宗廷桂字芳五，民六北京學校畢業後即游宦於
秦、豫兩省。二十三年，陝西省政府任為膚施縣長，於
赴任時，中途遇匪被害，殊屬不幸。

### 芳五先生挽辭　舊作（三十二年）

少小居閭里，鄉人共說賢，念嘗同硯席，出入每隨肩，
稍長往燕市，鑽研志益堅，入秦過華嶽，形跡轉分遷，
南北河山阻，驚心消息傳，崔苻罹險難，埋恨臥黃泉，
三十強始仕，四五厄流年，世路多荊棘，朋友散雲煙，
幽朋成永隔，春草已生阡，思之增惆悵，使我涕泫然，
江湖尚漂泊，風雨滿中天，再到長安地，招魂何處遙。

# 余之家世

　　明代中葉，吾先世係遷自湖北之麻城，初居解之西鄉，嗣遷至北鄉，即今虞鄉縣關家莊，遂定居焉。自明代至今已十餘代，族譜載之甚詳，由族中推人輪流保管，經此大亂，不知尚能完整保存否。至清季咸同間，吾族戶口當在兩百以上，嗣經光緒三年之大旱，人口損失大半，至民國僅有百戶。族中有一家廟，稱為老祠堂，因族人眾多，又分為六支，每支各有祠堂也。余屬第四支，即第四門，亦有二十餘戶，今逢大劫散亡，難免其衰落可以想見。

### 三孀母　朱氏
　　以上為祖母輩女系，尚有繼娶者，惟余在幼年，多記憶不清，姑暫從略，俟返家園後，再為補誌。

（一）伯父濟澄公
　　　長女　臘梅
　　　次女　引弟
（二）父海澄公（字滙川）
　　　長女　厚厚
　　　長男　毓岱（伯岳）
　　　次男　毓華（仲山）
　　　三男　毓峴（維潮）
　　　四男　毓岐（郁琦）
（三）大叔　汝澄公
　　　長女　嫻嫻

```
       長男   毓峯
       次男   毓嵩
（四）二叔   濂澄公
       長男   毓衡
       次男   毓崑
（五）三叔   泗澄公
       長男   杜福
       次男   毓崗
       女    ？
```

## 附錄一

　　民國四十二年，余隨政府來台灣後，仍任司法院大法官，菲律賓華僑發起為溈汭五姓聯宗，當此風俗澆薄，世變日亟，冀能挽回頹風，先從敦睦宗族始，亦救時之要務矣。為溈汭五姓聯宗發起者曾向余徵文，以作紀念，余甚贊此盛舉，賦詩一章應之，並有序，錄下：

　　余世居山西虞鄉縣北鄉關家莊，距縣城三十里，城南數里即中條山，其西端曰雷首山，所謂歷山是也，西南兩面均緊臨黃河，為溈汭在縣境之西，其東數去百里為安邑縣之北境，有鳴條岡，舜帝廟在其傍，至今祭祀不絕。

　　　西望黃河水流長，緬懷先代起耕桑，
　　　千秋蒲坂都城重，百世歷山野草芳，
　　　振古史書尊揖讓，於今廟貌繼烝嘗，
　　　虞賓衍緒成嘉會，我愧猶居溈汭傍。

## 附錄二

余生也晚，十六歲入中學，二十歲後，赴北京繼續求學，二十四歲畢業後，即奔走國事，甚少在家安居，因之關於曾祖父及祖父兩代事，知者不多，於此僅能就所聞，述其梗概而已。

## 曾祖父

曾祖父諱足觀，幼年半耕半讀，及長則專致力於家事與農田，又得曾祖母劉【氏】之賢助，故家境日漸富饒。惟自以讀書不多，見聞不廣，只能老死田間，與草木為伍，一誤不可再誤，遂決心培植下一代，於是聘請專師在家課讀，余伯祖父及祖父之能學業有成皆以此也。

## 伯祖父

伯祖父諱廷贊，字輔臣，恩貢生。清道光二十五年生，歿於光緒二十七年，是年余方八歲，其音容尚約略可記。聞先父言，伯祖父與祖父於鄉試圍中相繼失意後，即決定在鄉間設館教育家鄉子弟，不再熱心於個人功名，冀青年中後起之秀能力求上進，不患吾鄉之文風日久衰落也。在本屋之南，有東西兩空院，伯祖父與祖父分別設立兩館招收學生，伯祖父居西，祖父居東。是時本縣及鄰縣臨晉、猗氏、解州聞風來學者有數十人，平日講習時分時合，兩塾之間絕無彼此嚴格之分界也。前後二十年間，所教學生學業之有成就者，頗不乏人，逝世後，受業者不忘師恩，在東村村西大道傍，為之建

立神道碑一座，為文詳述其循循善誘之勤勞，以為紀
念。碑正面刻對聯一副，文曰「兩夫子誨人弗倦，眾
門徒沒世難忘」，闔縣士紳並贈牌匾一文為「伯仲明
經」，亦殊榮矣。

伯祖父性喜種花，院中所有各種花草，有石榴、百
合、迎春、菊花，並修竹數竿，皆親為灌溉，甚少假手
於人，每遇花開，即携余往觀，至今猶能記憶也。

伯祖父有手抄所作詩文一冊，在家為家父所珍藏，
雖於抗戰，故鄉淪陷，尚未散失，三十七年，匪擾河
東，余在京所得消息，家中遭清算，所藏書籍十餘箱，
碑帖五百餘種俱蕩然無存，則此詩文一冊，恐亦俱成灰
燼矣。

## 祖父

### 虞鄉縣新志有傳記

祖父諱廷敬，字慎齋，歲貢生。生於清道光二十七
年，歿於光緒二十一年，時余僅一歲，對其平生事跡，
所知尤少，耳所聞者，略見前述。關於先祖父，嘗聞先
父言，平生文靜寡言，彬彬有禮，日常與人少有爭論，
惜其身體素弱，未能永年，未五十即辭世矣。歿後，闔
縣士紳贈一牌匾，文曰「端正過人」，可知其為鄉人所
敬重為何如矣。

## 叔祖父

### 虞鄉縣新志有傳記

叔祖父諱廷弼，字子翼，行三。其人魁梧奇偉，聲

如洪鐘，性聰明、富幹才，尤有豪俠氣，能急人之難，平生職業雖以農為主，但偶爾兼營商業，必獲厚利，因兩兄長之關係，三十歲後，即在縣城與各縣紳辦理地方財務與差務，凡議事遇難題，每得其一言而決，遂為地方所推重，惜其未多讀書，終身視為憾事。叔祖一生作事，負責任不畏難，對公家事，尤為熱心，遇本縣與隣縣有交涉事項，恆挺身而出，絕不逃避，其所交涉事件，多能順利解決，完成任務，於是聲名飛揚於蒲、解兩屬各縣，在本邑亦皆以三先生呼之。

叔祖父本人雖未嘗學問，但因受兩兄之薰陶，知書對人生極為重要，故獎勵後進，不遺餘力。滿清末年，各縣派送青年出國留學，叔祖父即招集縣紳，公費派王江澄、王士選赴日本，後又增加胡足剛繼往，共三人，較隣縣多一人，皆其力爭之結果也。又如本村趙鴻儒性聰敏強記，頗有才氣，高小卒業，家貧無力升學，叔祖父不忍其半途而廢，獨力資助，使赴太原入警察學校肄業。趙君後來在警界服務，成績甚優，北伐時任旅長，在河北作戰亦著勳榮，是其才能克展，皆叔祖父資助之功也。趙君不忍忘其德，贈牌匾一方，文曰「急公好義」，以為表答。

叔祖父評判一事，每有特殊見解，民國元年，應友邀至運城觀革命後新氣象，歸語余曰：孫中山革命主義我不明瞭，但革命黨若只知為個人爭權利，恐國事不可樂觀。余今思之，誠不勝感慨也。至其為本村創辦小學，已見前興學記，茲不再述。叔祖父生於清咸豐三年，歿於民國五年，享壽六十歲。差徭局紳士、民初縣議員。

## 伯父

先伯父諱濟澄公，一生以農為業，清同治九年二月四日生，卒於民國三十年，享壽七十四歲。

## 先父

先父滙川公，諱海澄，縣諸生，入學後，先祖父原望更進一步能得志於鄉試，不料先考得嚴重胃疾，遷延歲月未能痊愈，身體健康，受其影響，遂難專心於學問，對於科舉，更興趣索然矣。迄病愈，即在先祖父學塾舊址教學，本村子弟如趙鴻儒、楊順興等十數人皆來受業焉。滿清政府變法，村中小學成立，轉任小學教員。清光緒三十二年，留日學生景蔚文等在運城設立警察傳習所招生，訓練地方警察人才，準備辦理各縣地方警察，先考往肄業焉，一年畢業，回縣從事公務，與學校暫行告別。

民國七、八年之間，先考辭去縣中職務，返里家居，旋被村人舉為村長。村長是義務職，村大事繁，恐力不從心，不能為村中謀福利，力辭不就，村人再三強之，始允接辦一年。抗戰軍興，河東淪陷，二弟毓華派三弟毓峴送先父至漢中避難，在外共計七年。三十四年抗戰勝利，余遣次男崇文護送回家，三十七年，故鄉又淪陷匪手，家中遭清算，先考東逃西避，以致舊病痢疾復發，難得醫藥治療，日夜憂懼，終於逝世。余時在京，因道路阻絕，不能奔喪，嗚呼痛矣！先考生於清同治十二年三月二日，享壽七十有六。

## 先妣

先妣李太夫人為本邑石榴村外祖父若平公之次女，外祖父亦耕讀傳家，為人正直忠厚，外祖母莊淑仁慈，俱為鄉里所敬重。先妣生而敏慧，幼承母教，及長即溫淑知禮，十九歲來歸，妯娌間相處甚和睦，事公姑亦至孝，操作尤能不辭辛苦，不落人後，故家人均稱道之。清光緒二十八年吾家析居，生活頓感拮据，每年生產所入，不敷所出，時大姊與余兄弟尚在幼年，無力為助，先妣對家務獨任其勞，其艱難困苦之情形，概可想見矣。民國十年後，二弟毓華、三弟毓峴，年事已長，輟學力田，家境漸見寬裕，始得稍卸仔肩。先妣生性仁慈，有外祖母風，平日自奉甚約，而待人頗寬，隣人有孤寡貧病，則視力之所及以周恤之，遇有所求，多少不計，未嘗令其失望。臨沒之日，眾念其德，多有流涕不能自己者。惟因一生操勞過度，營養缺乏，致影響健康，年逾五十，身體日見衰弱，余于役於外，不能在家奉養，民國十六年參加北伐至豫，一日聞吾鄉來人言先妣近日多病，余急自洛陽返里省視，果見精神不如往昔，心竊憂之，惟因公未便在家久留，又匆匆別去，臨行先母送至門外，再三叮嚀曰：「我病不要緊，汝放心，汝放心」，語甫了，只見老淚欲滴矣。別後未及三月，先妣竟與世長辭。余生不能養，沒又未及奔喪（此時余甫擔任河陰縣縣長），負罪深矣。先妣生於清同治九年六月十五日，歿於民國十七年二月二十三日，享壽六十歲。

## 先伯祖父、祖父、三叔祖父事略

錄自虞鄉縣新志

　　（伯祖父）歲貢生胡廷贊字輔臣，兄弟三人，公為長，幼好讀書，學成，無志宦途，以舌為耕，門下多知名士，為人忠厚戇直，歲大祲，其姨母家貧無以糊口，公迎養於其家，衣服飲食供給惟謹，未嘗稍有德色，居家不聽婦言，不積私財，孝順父母，友愛兄弟，視姪猶子，里巷稱之。

　　（祖父）歲貢生胡廷敬字慎齋，天資樸實，性行敦厚，數歲時，有無意識之舉動，母怒責之，跪謝曰，母勿怒，兒不敢後爾也。生平孝順父母，友于兄弟，其弟廷弼染病，左右扶持，晝夜不離，廷弼語人曰，吾兄愛弟之誠，殆世所罕有也，性和緩，雖倉猝未嘗疾言遽色，里人慕其德，贈匾曰端正過人。

　　又鄉里贈伯祖父、祖父一匾曰：伯仲明經。

　　（叔祖父）五品銜胡廷弼字子翼，北鄉關家莊人，性情慷慨，品行剛方，理家嚴中有寬，與姪析爨後，姪孫毓岱（伯岳）在京大學校（國立法政學校）肄業，每年幫濟百金，以助學費，交人無分貧富，悉納懷中，辦理本村小學校，任勞任怨，在縣督辦兵差，剛直不曲，前賴邑侯華峰保舉五品銜，嗣充公款局總理，眾紳推為領袖，凡事藉以解決，歷任廉能官吏更多與相得，嗣辦公債最有成績，巡按使金（永）以熱忱國事匾其門。

# 入學記

余八歲入家塾，受讀於解縣李聯第師，李為先祖父門生，為三叔祖所聘，學生僅五人，即三叔父汝澄，四叔父濂澄，五叔父泗澄，西卿頭鍾宗道表兄與余。迄村中初等小學成立，遂轉入小學繼讀，閱二年至清宣統元年，升入河東中學，時年十六，在同學中為最小。入民國後，中學畢業，升學頗有問題，因學費無著，不敢冒然負笈遠遊，但余心決不以中學畢業為滿足，父亦謂吾家數代書香，不能至汝一代斷絕讀書種子，學費當勉籌之。

一日，余三叔祖喚余至某家談話，並留午餐，食間謂余曰，汝升學問題予已再三思之，知汝家境拮据，恐無此力量，絕勿以此為慮，我願助學費半數。余聞此語，欣喜過望，赴太原升學之意遂決定。

民國二年春，約同薛丹一、梁文卿、張幼房聯袂赴太原，準備暑後入山西大學習理工。友人徐咸知告余，你目力近視，習理工非所宜，現在民國肇造，民主國家，最重法治，當研究法律，以應時世之需要。余覺徐君之言頗有道理，正在猶豫未決之際，適臨晉張明齋君約赴北京一遊，北京為數百年建都之地，其規模必大有可觀者，此去往返不過半月之間，再回太原，亦不至誤學校考試。遂許與之同行。

抵北京寓驛馬市街三晉會館，時山西各會館住有山西來京升學學生不下百餘人，其中一部分為河東中學同學，如猗氏畢廷棟、孫步康，解縣趙晉芬與吾家廷桂，

均投考國立北京法政專門學校，余乃以姑且一試之心
情，遂亦參加與之同考，及放榜之日，竟被錄取。北京
為民國首都文化政治中心，各省人物會集之所，文風固
盛，學校之設備與教員亦必較各地為優，決定不再返太
原，回憶徐君相勸之好意，幸未辜負也。

　　法政學校當時僅有法律及政治經濟兩科，又分本科
與別科，別科三年畢業，本科多一年預科，四年畢業，
余入法律本科。在校四年之間，雖經袁世凱洪憲帝制、
督軍團禍國，畢業之日，又值張勳復辟，國事紛擾無寧
日，但學校秩序始終安定，故能順利完成學業。離校之
後，同學或入法界或入政界，或計劃出國繼續求學者，
各奔前程。余則出國留學為無經濟力量，事實所不許，
又鑒於歷年北洋軍閥之爭權奪利，無法無天，視政界為
畏途，乃向司法部請發一律師執照，應友之約執行律師
業務，以觀世變，時為民國六年九月。

## 附錄一

　　余之赴京入法政學校肄業前，尚有一趣事，姑記於
此。是年山西大學預科畢業生臨晉張景俊擬赴京投考北
京大學本科，惟因乘火車暈車，一人不敢獨行，而學校
已放暑假，同學多紛紛返里，少有赴北京者，是時余適
在太原，約與之同行。民國肇建，余亦有意前往首都觀
光，且由太原至北京，往返旅費教目不大，遂應允之。
不料北京大學第一次招生，張君未得到消息，竟誤考，
迨第二次招生，張君得訊，又來相約，余以暑期將滿，
山西大學不久即招生，心頗猶豫。張君曰，你若不去，

我亦只好作罷；余思往返不過半月，遂決定陪張君同行，蓋不願爽約使其再誤考也。孰知余考入法政學校留京，張君考北大未蒙錄取又回太原。事後思之，好似張君反送我入學，天下事往往顛之倒之，造物弄人，因有莫知其所以然也。

## 附錄二

余在河東中學肄業期，（前清宣統元年—民國元年）老師中有三人比較特殊，一為監督（校長）楊階三，名兆泰，二為國文教員王蘭皋，三為體操教員王弼臣，茲分述於後。

楊階三，名兆泰，新絳人，太原西學專齋畢業。體貌魁梧，天性純靜，善講演，晉人與英人爭山西煤礦時，在廣眾之中，激昂慷慨，聲淚俱下，後任中學監督，辦事極負責任，每學期自開學至放假，足甚少走出校門。學校距其新絳家中，不過百餘里，而任監督三年之間，除年假與暑假外，從未回家一次，其作事認真，可見一斑。惟因其平日過於謹慎，其膽量似乎太小，辛亥河東光復，革命黨人屢派人請其至運城共商大計，始終不出，致激怒黨人，疑其對革命有不滿之意，將派兵往其家脅迫之，楊聞之懼，遂赴太原，事乃寢。十七年國民革命軍北伐時，楊曾代理山西省府主席；十八年任國民政府內政部部長，適閻錫山有派兵入魯境，實行叛逆，中央派楊回山西勸閻止兵，楊思此事責任重大，而對閻又料其絕不能聽，知戰爭將不能免，遂一急而病，終老太原矣。

　　王蘭皋，芮城縣人，某科解元，任河東中學堂國文
教員，為文清新雅健，思想亦不陳腐。民國元年河東中
學堂改為山西省立第二中學校，仍繼任國文教員。一日
作文課，為學生出一題曰：「民國建都，宜在何地」，
當時學生有以為革命軍在武昌首義，主張宜建都武漢
者，又有以為中央政府現在南京，故主張建都南京者，
未有一人主張建都北京者。發卷之日，王老師從容語學
生曰：諸生文章好否係另一事，但所持見解尚待研究，
此固難怪，諸生猶在少年，經歷尚淺，對於我國地理形
勢，歷代歷史，多欠明瞭，因此之故，自難得一正確結
論，諸生試想，假使明朝不是成祖遷都北京，恐不到思
宗時代，或已成為東晉與南宋之續，早已國亡矣，我國
北部東北部西北部地域最為遼擴，又與俄國接壤，故我
國之外患在大陸而不在海洋，近年來雖受西洋英法之侵
喜，但我看來，此為一短時間事，為禍尚小，非如俄國
之能長久為患也。就我國歷史說，建都於南京，多成偏
安之局，蓋因氣候燠熱，地勢卑濕，不如北方之高亢涼
爽，濕熱則精神易疲，涼爽則常能思奮，且礦產如煤鐵
等均國防所需要，而多在北方，此皆為談建都問題時，
所宜加以深思之。故我主張民國建都仍應在北京，使政
治軍事重心北移，始能抵禦外侮，為國家奠立大一統與
長治久安之局也。今日追憶當年王老師此一番言論，確
屬至理，而有真知遠見也。姑記其大意於此，以為今後
研究建都問題之參考。

　　王弼臣，五台縣人，清末留學日本，習體育，歸國
後，任河東中學堂體操教員。王為同盟會會員，富革命

思想與熱情，每對學生在操場訓話，必以國家將亡，諸生如再不覺醒與振作，則其不可救矣。言辭多激動，但學生處當時環境中，又多不明瞭國內外情勢，故皆不知有深意存乎其中。辛亥九月，陝西光復，消息傳至河東，人心惶惶，學校停課，王即有意組織學生軍，視機起義，惟為當時環境所不許，未果，嗣與學生王在鎬（臨晉人）兩人北上，時太原已光復，王即組織敢死隊赴晉北作戰陣亡，可謂求仁得仁矣。

## 附錄三

余未來北京前，以為首善之區，一切當較外縣農村地方為佳，不意到北京後，只見滿街灰土，若被大風吹起，雙目難睜。無衣無食之家，到處皆是，人力車夫多有年老力衰氣喘吁吁，猶不能不為生活而掙扎。除士大夫外，商民教育程度之低，更為不可諱言之事。首善之區，其情形如此，始怪我國政治不良，以致國民既貧且愚，國勢日見陵夷也。余初入法政學校，第一年為預科，一日上經濟學課，教員賀紹章講馬爾薩斯人口論，謂世界若無戰爭、瘟疫、水旱天災等，每過二十五年，人口將要增加一倍，則人類生活將大受威脅，余不禁心有感焉。目前我國人口號稱四萬萬，其愚其窮，尚且如此，若再增加，豈不將更愚更窮耶。嗣見孫中山先生計劃要在國內建築十萬英里鐵路，積極開發我國實業、富國裕民，其道在此，吾何憂焉。

又在北京留學四年中，政治上發生一巨變，即袁世凱背叛民國，洪憲稱帝是也。自民國二年二次革命後，

袁氏大權獨攬，任所欲為，淫威所至，國人皆敢怒而不
敢言，革命黨人不變節者，不被殺即流亡海外，言論噤
若寒蟬，青年學子，畏禍及身，亦閉口不談國事，惟有
一般政客官僚，趨炎附勢，逢迎無所不至。迨籌安會成
立，一時民主制度不適宜於中國與君主立憲之說甚囂塵
上，各省軍政負責人，多袁氏私黨，於是偽造民意，紛
紛勸進，袁氏本早有帝制自為之心，觀此情形，更無所
忌憚，於是洪憲皇帝出現矣。

　　當帝制尚在醞釀時期，余學校教員唐某，竟在課堂
上改授君主憲法，一時學生譁然，嗤之以鼻，唐某恬不
知恥，反笑謂今日中國如何不適於民主制度，而宜君主
立憲，以似是而非之議論，強為解釋，學生雖難心服，
但處在當時情勢之下，又誰敢作正義之主張，惟有暫隱
忍之而已。未幾帝制失敗，忽傳袁死，學生皆歡呼鼓
掌，為中華民國慶祝，可知專制獨夫，若違反民意，絕
難長久也。

# 參加陝西靖國軍

民國六年七月出京，應友人關集鵬之召，將赴西安執律師業，道經太原，留二十餘日，渾源李祖綏君為法政學校同班同學，先回太原，已任山西督軍署軍法處軍法官，因軍法處處長馬君圖調任河東道尹，有軍法官數人均隨馬君往河東，李君力勸余勿離太原，並謂如欲作軍法官，現在機會甚好，我當請親戚田某（時為北京國會議員）介紹，可望有成。李君之意固甚感激，惟余之心中所存念者卻別有原因，不能接受其意見，乃託辭欲先返里省親遂匆匆而別，僅告以少年入仕途為利為害，未可知，希望努力為之。李為晉北人，故未將真意明白告之。

山西自辛亥革命，閻錫山任都督，後改督軍，因附袁世凱，二次革命後在山西殘殺民黨，對晉南之民黨尤為仇視，如臨晉張士秀，安邑景定成、李岐山（鳴鳳），解縣王平政、關芷洲，虞鄉胡足剛、王士選等常流亡於外，不能在家安居。本省政治，更不容其過問。余知閻氏為一自私自利之軍閥，心存割據，絕無國民族觀念，其依附北洋已深，難望其為人民謀福利也。

抵家後，因患瘧疾，遷延月餘，始與胡廷桂、趙敏德同行渡河赴西安，準備執行律師業務，租大相子廟街洽陽會館為事務所。不料甫籌備就序，省城發生軍變，耿直遣部攻擊督軍署，意在乘督軍陳樹藩之猝不及防，一舉而斃之，不意誤中副車，陳越牆而逃，雙方巷戰，由此開始。耿之司令部即在余之隔壁，前街後街，頓成

一片火海，激戰一晝夜，胡景翼率部入城助陳，耿覺大
勢已去，將部隊撤出城外，轉至省西。

　　胡景翼曾為井勿幕部下，辛亥年隨井光復河東為一
革命軍人，非誠心助陳者，以時未至也。七年春，胡部
張義安在渭北三原樹討陳之幟，胡景翼與民黨曹世英等
亦先後至，組織總司令部號曰靖國軍，與在廣州之護法
軍，南北相呼應，主張恢復國會，以維國本，公推胡為
總司令，即日出師進攻省垣。解縣王平政、關芷洲均同
盟會老會員，與胡曾相識於辛亥克復運城之役，聞其起
兵響應廣州護法軍，與北洋軍閥作戰，欣喜革命力量在
北方尚有可為。七年春，相偕赴三原効力，淳化于鳴皋
創辦一戰事日報，即聘王、關兩君為報社編輯，日出報
一張，除報導軍事消息外，並作社論，以激勵民心與士
氣。初王臨去西安時，約余結束律師事務，同去三原，
對民國稍盡個人一份微力，即慨然允之，故未幾約同邵
和軒亦至三原，余住報社，協助編輯事務。未幾于右任
先生由上海回陝西，係受國父孫中山之命，及應胡景
翼、曹世英諸同志之請，回陝共負革命之重任。于隨繼
胡為總司令，成立總司令部，改編靖國軍為六路，分區
作戰，任王平政與余為總部秘書，關芷洲為外交處秘書
兼科長，此為余參加革命之始。

# 于右任先生與陝西靖國軍

　　于右任先生以文人曾兩度任總司令，一為民國七年至十一年陝西靖國軍總司令，一為民國十六年國民革命軍駐陝總司令，茲先略述靖國軍一役。

　　民國六年，北京國會被非法解散，國父孫中山先生回廣州領導護法軍，號召國人，北京政府必須從速恢復國會，以維法統。時北京政府為北洋軍閥所把持，督軍團作亂，北方各省，盡為北洋勢力，對護法號召，鮮有應者。是年夏，陝西白水縣高峻在其地方揭起反對督軍陳樹藩旗幟，眾少力微，且僻處北山，影響不大。迨冬，西安警備司令耿直在省垣起兵討陳，攻擊督軍署，巷戰一日夜，不幸為陳所敗，退至省西鳳翔一帶。翌年春，胡景翼部張義安又起兵三原，陝西民黨各重要人物，如曹世英等亦先後至，公推胡景翼任總司令，組織靖國軍，以與廣州之護法軍相呼應。

　　張義安毅勇善戰，屢攻省城，陳軍甚感不易應付，未幾，張作戰陣亡，軍事受挫。胡、曹等集議，欲圖軍事進展，統一力量，非有一民黨聲譽卓著如于右任先生者回陝主持，殊不易固內部而資號召，乃共派王玉堂赴滬請于先生回陝領導。王事後語人，于初則固料到事甚艱難，恐力有未逮，不敢遽允，考慮至再，其意始決，曰：吾不忍坐視西北之革命力量，為北洋軍閥所消滅，此責吾當與西北同志共負之。毅然應邀回陝，主持軍務。

　　其時由上海至陝西，所經地區均北洋勢範圍，以于

先生身份行動，如不秘密，倘為所知，能否回陝，頗成問題。因隨于先生之王玉堂信奉耶穌教，携帶聖經，于先生乃喬妝微行，貌似一外國牧師，遂為一般人所不注意。至河南陝縣，由茅津渡河繞道晉南至陝北，再回三原就靖國軍總司令職，鞏縣張鈁（伯英）任副總司令。靖國軍改編為六路，郭堅為第一路司令，樊鍾秀為第二路司令，曹世英為第三路司令，胡景翼為第四路司令，高峻為第五路司令，盧占魁為第六路司令，後增第七路，王珏任司令。所屬地區，為三原、富平等十餘縣，與陝西督軍陳樹藩部及河南鎮嵩軍之劉鎮華部隔渭河對峙，一時軍容甚盛。

　　未幾，忽聞西南有援陝軍之組織，晉人姚以价任援軍總司令，將由川北入漢中。于先生得訊，遂派王平政間道至安康鎮迎，因王與姚為同鄉又係至交。不知何故，姚竟未至，僅滇軍師長葉荃率部數千人，轉戰數千里，經漢中、鳳翔抵渭北之耀縣，與靖國軍協同作戰。陝督陳樹藩見護法軍之聲勢日盛，乃向北京請援，於是奉軍之許蘭洲、直軍之張錫元相繼率部入關，河東山西軍隊，亦不時傳有渡河消息。于先生曾致函閻錫山勸其勿干預陝事，函內大意謂，山西政通人和，與鄰省素日相處甚安之語。當時靖國軍以區區十餘縣之地，數萬之眾，而敵數省之師，加以餉彈兩缺，其艱苦之況，可以想見，尤其有不利者數事，略述如下。

## 一、初出師即折大將

　　于先生就總司令職後，即作軍事部署，分路渡渭河

出擊。胡景翼赴前線巡視，駐固市鎮，敵軍姜宏謀在城上語胡，歡迎其入城共商合作意，即可投降靖國軍。胡以與姜素友善，不疑其他，竟為所紿，入城陷身敵手，隨被送往西安，囚羈於督軍署。胡部第四軍，在六路中為最強，胡亦能戰，所幸由旅長岳維峻繼任司令，軍心未受影響。

## 二、井勿幕興平遇害

井勿幕留學日本，參加同盟會，為陝西革命黨之健者。辛亥年在陝西光復後，即率部渡河克復河東運城。民國五年任關中道尹，以與陳樹藩政見不合，辭職在西安作寓公，對陳樹藩之依附北洋軍閥，心極不滿。胡景翼被執，陳樹藩有意利用機會試圖解決戰事，以井為陝西革命黨之有潛力者，亦關中之人望，請其出而調解。井久困省垣，姑且應之，遂由省城至三原。靖國軍多屬辛亥年井之舊部，至三原未幾，于先生請其指揮軍事，井當仁不讓，即就靖國軍總指揮職，出發至前方視察軍事，不意在興平縣竟為詐降之敵軍李棟材所害，殊不幸也。

## 三、劃界停戰之波折

民國八年，南北停戰，廣州護法政府與北京政府互派代表在上海共商和平解決國事，先各令前方各守原防，停止戰鬥。而北京政府反欲乘議和代表在開議之前，消滅陝西靖國軍，暗令在陝各軍日夜進攻，經于先生屢電上海代表力爭，始由雙方代表派晉人張瑞璣赴陝

劃界停戰。張與當時北京政府內閣總理錢能訓為滿清末年同僚，錢任陝西藩司，張任長安縣知縣，故張由滬不直接經津浦隴海路速往關中，而繞道北京晤錢後，始由京漢路轉隴海路赴陝，至三原越宿即去，並未實行劃界之任務，且對靖國軍之軍風紀有所指責，其言行可謂出乎範圍，因之戰事未能停止。于先生思張之行動，必為北京政府所授意，直電詰責錢能訓，內有日照潼關，竟送出滿清不死之名臣，民國非法之總理之憤語。按辛亥年，陝西光復，革命軍保全錢之生命，將其送出潼關也，而張瑞璣政治上之生命，亦從此斷送矣，晚年在趙城故里飲酒賦詩嘔血而死，其有愧悔之意乎。

## 四、靖國軍餉械缺乏

靖國軍所屬地域既小，軍餉軍械均缺乏，且孤懸一隅，與外交通隔絕，槍彈除就地設廠小規模自造，餘則全賴作戰時取之敵軍，故士兵愛惜子彈有如生命，所恃者士氣始終不衰，得以支持五年之久，至民國十一年始結束。

## 五、第六路盧占魁隨滇軍入川

靖國軍第六路為騎兵，由盧占魁率領，自綏西經榆林至渭北，協同陝軍作戰。盧任司令，弓富魁任指揮，雖為友軍，因其久經戰場，頗能作戰，人數約五千，馬匹齊全。司令部設於耀縣，與後來葉荃部滇軍司令部，同駐一城，一來自綏遠，一來自四川，均為客軍，來往較為親密，在陝作戰經年，不惟械彈補充困難，即兵源

亦成問題。滇軍士兵多四川籍，日久思歸，盧軍亦欲別圖發展，遂於民國九年，相約同回四川，靖國軍以此頗受影響。按盧軍至四川後不久即行消滅，誠自取之也。

由以上數點觀之，可知靖國軍苦戰數載，所遇敵人固強，而本身所受之挫折與不易克服之困難，有非一般人所能想像者。然而于先生獨力支持，始終不懈，非智勇兼備，實難肩此重任。當時陝西民黨，如井勿幕、劉守中、李元鼎、茹欲立、于鳴皋、彭世安、惠有光、楊仁天、蔡屏藩、王天士（陸一）、王玉堂等，聚集渭北，群策群力，為之輔助，或其他在外者亦奔走交涉，共濟艱難。而來自各省者，如河北之劉越西，遼寧之王家曾，山東之孫維棟，河南之張鈁、王廣慶、李肖庭，湖北之龔哲甫，山西之弓富魁、馮欽哉、王平政、關芷洲，察哈爾之武士敏，浙江之鄭英伯亦均不辭辛苦，願為效力。故靖國軍時代，三原不啻為西北革命黨人之一大家庭，誠一時之盛會也。

于先生於軍務倥傯之際，並注意宣傳主義與播種之工作，由上海購進大量與革命及新文化有關之書籍，俾便軍民閱讀。創辦渭北中學、民治小學，以培育人才。其校長、教員多為知名之士，對社會之影響，與革命之認識甚大，風氣之一變。民國十一年靖國軍雖失敗，但失敗者僅一時之軍事，其不失敗者則為革命之精神。民十四，北京首都革命，胡景翼之國民二軍，皆于先生之舊部。民十五，國民軍失敗，一部回陝，固守西安八月，于先生由蘇俄回國，與馮玉祥在五原誓師，不久解

西安之圍，于先生任國民革命軍駐陝總司令。戰亂之餘，地方殘破，安輯人民，整理部隊，出師潼關，參加北伐，迨國民政府建都南京，于先生從此辭去軍務，供職中央矣。

# 入黨與工作

前清光緒三十四年，余年十五，在村中小學讀書，教師孫燎庭先生，猗氏縣人，思想頗新，與同縣王用賓諸先生多相交識。王為同盟會會員，故孫師對孫中山之提倡革命聞之有素，一日為學生講湯武革命，連帶提及孫中山先生之革命，謂與湯武相同，余之得聞孫中山先生之名，此為第一次，在當時君主專制時代，敢為學生講述革命，實為冒險之事，孫師亦可謂有識有膽矣。

民國元年，余尚在河東省立第二中學校肄業，同學周益楨君，因其表兄胡足剛於前清末年留學日本，參加同盟會，遂於民國成立後即介紹周君入國民黨。周君與余同縣，相交至好，極力勸余入黨，並願為介紹，余以年少，尚在中學求學，對於政治，一竅不通，不發生興趣，無急於入黨之必要，事乃擱置。未幾周君病故，河東國民黨支部為少數投機分子把持，改為政友會，余亦畢業赴太原升學，不過對周君之勸入黨事，仍時現腦際也。

余在北京求學四年間（民二—民六），正袁世凱實行專制，對國民黨橫加摧殘，五年袁死黎繼，政治上實權仍操於北洋軍人之手。當時一般青年學生，對孫中山先生之革命主義缺少認識，且自二次革命後，國民黨解散，孫中山先生又在日本東京另組織中華革命黨，從事革命建國，國內已無一真正之政黨，所有者如某系某系，不過為某一政治集團之私人利用品，爭權奪利，絕非堂堂正正為國家為人民有正大光明之政綱政策，其加

入者不過少數幾個政客，一般有志者皆不願與之為伍，而青年學生因無人領導，亦徬徨無所適從。民國六年，國會再被解散，廣州護法亦未得有結果，國事仍在混沌之中，至十三年，中國國民黨在廣州組織成立，以三民主義為建設民國之基本原則，並發表政綱政策，希望國人共同為國民革命建國而奮鬥，從此全國青年始知有努力之方向。

民國七年，護法軍之役，余任陝西靖國軍總司令部秘書，此時即已決定入黨。迨至十四年國民軍首都革命，孫中山先生由廣州至北京，主張開國民會議，以定國是，不幸因段祺瑞作梗，迄未實現而逝世。當時余與關芷洲先生由豫赴京，曾往訪同鄉王太蕤先生談及入黨事，欲請其介紹。關先生與王均為同盟會會員，此次再入黨，同於回老家，自無問題，王先生當面允諾，惟不知何故，遷延未辦，余後來入黨，係由于右任、王陸一兩先生之介紹，乃民國十四年夏季事，余之中國國民黨黨員身份於是始定。

十六年，余任國民革命軍駐陝總司令部秘書兼任特別黨部候補委員，時正值北伐，國共尚合作，惟共產黨別具陰謀與野心，對中國國民黨有意利用汪精衛以分化國民黨，並有一口號謂「國民革命係世界革命一部分」，表面贊成北伐，實則不忘階級鬥爭，暗中對北伐則多方阻撓與破壞，以致各地黨政不時發生糾紛，如渭南縣為西安、潼關間之衝要，組織有農民自衛隊、商民自衛隊，均配有槍枝，為共產黨所操縱，致縣政府之政令無法推行，縣長某一連七電西安請辭職，于總司令

深知其故，以余為特別黨部委員對於協調黨政，或較易為之，遂派余暫行代理渭南縣長，即日前往處理。抵任未幾，實行清黨，奉命令縣政府接管縣黨部，黨務停止活動，余旋接洛陽豫西行政長王玉堂先生函召，即辭去縣長赴豫，計共在縣長任僅四十餘日耳。

十六年余辭卸渭南縣長職後，應豫西行政長王子元先生【按：王玉堂，字子之】之約赴洛陽，任行政長公署科長，未幾任河陰縣縣長。到任甫半月，又奉中央派任中國國民黨山西省黨部黨務指導委員，翌年省黨部正式成立，任執行委員兼常務委員，至二十八年省黨部另行改組，始卸職。時任監察院監察委員，值抗戰軍興，奉派赴戰區巡察。（下接抗戰之役）

# 軍風紀巡察團時期日記

# 民國三十一年（1942 年）

## 1月1日

上午八時巡察團全體舉行團拜禮，十時趙、陳兩委員由贛返金華，合攝一影，以留紀念，晚應金華各界公宴。

蔣委員長發表告國民書，說明日寇向英美挑戰是飲鴆止渴，其三大政策，即大陸政策、蠶食政策、不介入歐戰政策，一一被我擊破，敵必敗之命運已經決定，我應自強以爭取勝利，準備險惡情勢以反包圍破敵之包圍，加強全國動員與同盟國並肩抗戰。

湘北敵渡汨羅後，三路增援，前線戰鬥極猛烈。

蘇聯南路德軍敗退，紅軍克復刻赤。

## 1月2日

長沙訊，湘北敵竄入撈叨刀、瀏陽兩河間，長沙展開保衛戰。

馬尼拉訊，敵分路猛撲馬尼拉，美菲軍轉移陣地。

是日午，應王敬久總司令約，午餐。（王字又平，銅山人，現任第三戰區第十集團軍總司令）據談犯嵊縣敵已擊退。

晚，顧建中先生約晚餐，並演劇助興。

## 1月3日

長沙訊，湘北主力戰自一日起揭開，我伏兵一齊出擊，長沙城郊激戰中。

我軍開入緬甸佈防，協助同盟國家作戰。

美軍退出馬尼拉。

英首相邱吉爾一日晨重返華盛頓，與羅斯福開軍事會議。

# 1月4日

中、英、美、蘇等二十六國一日在華盛頓簽訂共同宣言，彼此保証充分利用資源對抗軸心國家，並不單對敵停戰或議和，簽字國包括中國、英國、美國、蘇聯、澳大利亞、比利時、加拿大、哥斯達黎加、古巴、捷克斯拉夫、多米尼加、薩爾瓦多、希臘、瓜地馬拉、海地、洪都拉斯、印度、盧森堡、荷蘭、紐西蘭、尼加拉瓜、挪威、巴拿馬、波蘭、南非聯邦、南斯拉夫，共計二十六國。羅斯福代表美國，邱吉爾代表英國，蘇聯駐美大使李維諾夫代表蘇聯，中國外交部長宋子文代表中國，澳駐美公使加賽代表澳州，及加公使馬卡塞、紐西蘭代表拉斯敦、印度代表巴傑、南非公使克羅斯等先後簽字。

湘北敵後路斷絕，其勢大挫。

北非軸心軍又敗，德意軍被殲滅一旅，被俘七千，英軍佔領巴第亞。

下午與趙宜齋先生[3]赴金華城，晚十時返王坦，大風，畧受寒。

---

3　趙宜齋，名允義，綏遠人，曾任中國國民黨綏遠省黨部執行委員、常務委員、中國國民黨第五屆候補中央執行委員，時任軍事委員會軍風紀巡察團第四團委員。

## 1月5日

　　長沙訊，湘北我縮小包圍圈，殲滅敵近三萬名，四日下午三時半我勝敵敗之局已經決定。

　　華盛頓訊，同盟國統一軍事指揮，設太平洋最高統帥部，印度英軍魏菲爾任總司令，美陸軍空軍總司令勃勒特任副總司令，美亞洲艦隊總司令哈特任西太平洋海軍總司令，蔣委員長任中國區陸空聯軍總司令。

　　本日上午八時紀念週，金主任委員報告赴渝經過。[4]

## 1月6日

　　長沙訊，第三次長沙會戰已入最後階段，我正繼續展開殲滅戰。

　　桂林消息，滬公共租界我孤軍營八百壯士遭敵慘殺，刺割目鼻，凌遲處死，慘絕人寰。

## 1月7日

　　晴，氣候轉暖，下午二時巡察團開委員會議，決定金主任委員、張、黃兩委員視察金華各機關。

　　長沙訊，湘北我軍繼續北掃，長沙城郊無敵蹤。

## 1月8日

　　表弟李居仁由麗水來訪，午餐後進城。

　　接紀茂軒由屯溪來電，紀子明先生於去年十二月八

---

4　金漢鼎，雲南人，陸軍上將，時任軍事委員會軍風紀巡察團第一團主任委員。

日病故，本月十八日出殯。子明為余好友，去年夏在屯
溪曾晤談，相別半載，幽明永隔，不勝痛悼，因交通困
難，不能前往照料喪事，尤為歉然

　　長沙訊，湘北第三次大戰獲罕有之戰果，截至七日
止，死傷之敵約四萬，生擒者亦在四千以上，撈刀河與
瀏陽河淹斃之敵，已發現浮屍三千餘具，其竄至汨羅
江南之敵，第三、第六師團殘部，彈盡粮絕，已無力
掙扎。

## 1月9日

　　致函紀茂軒弔子明之喪，為辭輓之曰：

闻君幼年，異稟自天。才氣甚茂，鄉里稱賢。
由少而壯，意志益強。致力革命，艱苦備嘗。
抗戰軍起，崎嶇江淮。陪都奉命，輾轉再來。
近時多疾，潛心六壬。龍蛇之筆，災竟及身。
中興在望，不及目觀。為辭一哭，君尚知否。

　　于院長電長沙薛司令長官祝捷，原電有云：「大軍
三次合圍，敵虜相率就殲，振民主國之聲威，成功歲
始，奠新中華之基礎，舉世騰歡，特電申賀，敬祝捷
祺」等語。

## 1月10日

　　大風，下午又雨，氣候轉寒，李居仁來電話本日早
返麗水。

　　湘北潰敵，竄至汨羅河數約三萬，狼狽不堪，我大

軍仍圍殲。

## 1月11日
陰雨。

軍訊，湘北潰敵一部竄過汨羅江，後路又被我截斷，江南岸敵仍被圍殲。

馬來亞吉隆坡以北戰況激烈。

克里米亞德軍動搖，蘇聯軍隊突破德軍前哨陣地。美眾議院通過法案一則，准許海軍募兵人數得自三十萬增至五十萬，海軍陸戰隊得自六萬人增至十萬零四千人。

## 1月12日
上午紀念週，張竹溪委員報告。

電于院長，報告最近工作情形。

湘北福臨舖敵，仍被我軍圍殲，主力完全擊潰，擊斃者約八千，被俘者亦近千，敵軍官皆著我國便衣，其狼狽情形，可以概見。

## 1月13日
巡察團下午二時開委員會議，討論卅一年工作大綱，並決定分三組出巡。

湘北竄至汨羅江北岸敵，又被我包圍，汨羅南岸福臨舖北之贊常山、麻石山、麻常嘴、白沙橋等處斃敵，又達二萬三千以上，內有敵高級軍官多人。

## 1月14日

　　致丹一函一件，金主任委員、黃委員、張委員視察
金華。

　　吉隆坡失守，新加坡情勢更危急。

　　美海軍哈特上將已到爪哇坐鎮。

## 1月15日

　　同鄉友人張梅岑君由江西龍南來金華，上午十時訪
余與李、趙兩委員於王坦。[5]

　　汨羅江南岸殘敵已肅清，我乘勝北進掃蕩新墻河潰
寇，敵以飛機、坦克車掩護退却，未達目的。

　　英、蘇向伊朗、土耳其提出保証，尊重領土完整，
北非軸心軍又敗，英軍佔領索倫姆。

## 1月16日

　　長沙訊，汨羅北岸長樂街、大荊街等地，生俘敵一
千三百餘名，新墻河南岸已無敵蹤，我軍已恢復去年
十二月二十三日前態勢，刻仍繼續向臨岳挺進中。

　　日寇在馬來亞方面仍有進展，已進抵距新加坡一
百二十哩處，戰局漸趨緊張。

　　泛美會議已於十五日在巴西京城開幕，各國代表參
加者共二百二十人。

---

5　李、趙兩委員，指李子韶、趙宜齋。李子韶，名正樂，綏遠人，
　　時任國民政府監察院監察委員。

## 1月17日

巡察團視察金華一組工作，本日完畢。

美副國務卿威爾斯建議泛美會各國合組聯合陣線，促請各國注意歐洲各國被德國個別擊破之覆轍，蓋時至今日已無真正中立之事。

蘇軍繼續西進，迫近四大城市。

## 1月18日

昨夜大風，驟寒，今早河水結冰，此為余至金華四年來，第一次所見。午，段禮耕、樊廷儒兩君來訪。

我國與利比里亞、多明尼加訂立條約，均經批准發生效力。

我空軍美志願隊在蒙自上空擊落敵轟炸機三架。

近日報載印度聖雄甘地，否認印度國民大會分裂，並正式宣布尼赫魯為他將來繼承人。尼氏向來主張是要恢復印度的自由，歐戰爆發後，印度應參戰與否，並主張應由印度人民自由意志來決定，但自太平洋大戰爆發，印度有受東西德日侵略主義威脅之可能，印度國民大會遂通過一決議案，即是支持美國作戰，此可說明尼氏之最近主張。甘地從來主張與尼氏有出入，他是以溫情的人道主義為出發點，今見宣布尼氏為他將來繼承人，可知他們最近主張已經相同矣。

## 1月19日

上午八時紀念週，趙宜齋委員出席報告巡察浙贛沿線各處之觀感。

英軍在馬來亞失利，英政府備受責難，議會要求澈查責任。

北非英軍十六日克復哈爾法雅，俘獲甚多。

## 1月20日

本日午餐後，與李子韶、趙宜齋談及綏遠某教會女士鄂某曾在綏遠收養孤兒，數十年救活者不下兩千，皆以鄂為姓，可謂功德無量。今日鄂姓子女長大成人，在社服務者不少。自鄂教士死後，繼之者乏人，此種偉大慈善事業恐將漸漸衰落，言之不勝惋惜。按余之故鄉素有溺女之風，正與綏遠同，甚有貧家生計艱難，並將男孩亦遺棄者，安得有鄂教士其人救濟而教養之也。

中路蘇軍克復摩亞斯克，德軍十萬潰退。

## 1月21日

發洋縣家中、重慶四弟，及方克柔、張西堂函各一。

十八日，德義日三國軍事協定，在柏林簽字，英國方面認為目的僅在對外宣傳，並無新意義。

仰光訊，緬泰間戰事已經發動，距仰光二百五十公里之土瓦已被日方佔領，又訊，敵軍已向爪哇進犯。

## 1月22日

近聞福建南平縣擬設立刑事農場，對犯人實施勞動感化，已撥定荒地為場址，余意此舉頗善，想各處或有起而仿效也。

報載某君批評我國人之人生三階段，謂少年人多空

幻的遐想，壯年人多艱辛的經歷，而一屆老年則往往委心任運萬慮俱寂，並引宋代蔣捷詞一首作一註釋，「少年聽雨歌樓上，紅燭昏羅帳，壯年聽雨客舟中，江潤雲低，斷雁叫西風，而今聽雨僧廬下，鬢已星星也，悲歡離合總無情，一任階前點滴到天明。」余謂此詩就一般而言，社會上亦有不少傑出人才，年雖高而精神則仍為青年，志在學問事業，絕不若聽雨僧廬之輩終日歎息也。

## 1月23日

接趙善如君函謂友人武勉之在山西太岳區作戰陣亡，不勝惋惜，勉之任第四十二師師長，當時為敵人包圍，官兵傷亡過多，遂以手槍自戕。

二十二日，我空軍飛越南，轟炸敵人軍事目標。

泛美會議通過視同盟國為非交戰國，共同與軸心絕交問題，阿根廷表示接受，智利亦在技術上表示同意。

函賀許紹棣、孫多慈兩君結婚。[6]

## 1月24日

陰雨，接父親函，謂希文回洋縣，不久仍往重慶。[7]

聞某君言，章太炎居東京時，某顯宦向之求書，先生書孟子「逢蒙學射於羿，盡羿之道；思天下惟羿為愈己，於是殺羿」原文以應，蓋暗諭日本數千年來受中國

---

6 許紹棣，時任浙江省教育廳廳長。

7 希文為胡伯岳先生長子。

文化之提携，不思報德，反圖侵略也。

日寇大舉進犯緬甸，毛淡棉東部兩軍接戰。

泛美大會通過議案，承認被軸心佔領國家之各自由政府。

湖北我軍攻孝感，平漢路被切斷。

## 1月25日

午約陳葆蔭、趙清鏡等便餐。

我空軍第二次猛炸河內。

泛美大會通過方案與軸心進行絕交，將發表宣言，採一致行動。

敵軍又進攻澳洲，澳呼籲英美馳援。

## 1月26日

接辰子照先生函，謂抵關中已三年。

二十四日，敵機四十餘架襲仰光又慘敗，被擊落九架，我國美志願隊前後共擊落敵機已達一百九十架，我僅損失五架，為二十與一之比，人譽之為飛虎。（被毀者未計）

北非重起坦克大戰，美、德主力開始接觸。

秘魯與烏拉圭兩國宣佈與軸心絕交。

## 1月27日

報載我國續派軍入緬。

## 1月28日

接劉慎堂自嵩縣來函，說朱潤三先生病故西安監中，因何事繫獄未說明，殊出人意外，亦更可傷焉。

粵南敵竄博羅，已被擊退。

美陸軍援英，已在北愛爾蘭上岸，英倫人士認為此係世界戰事新階段開始。

美海空軍襲擊馬加撒海峽敵艦隻，予以重創。

泛美大會通過決議，一致尊重邱羅大西洋宣言，該會已於二十六日閉幕。

## 1月29日

紀茂軒君由屯溪來金華，述子明病故情形，係肝疾復發，用手術後，又發生氣管炎，遂致不起。

邱吉爾在下院演說，謂將設立太平洋會議，對日作戰，並以東方之防衛司令權委託美國。

## 1月30日

梅佛光委員由重慶抵金華，上午來訪，據云監察院第一巡察團，將由蘭谿移金華，已派衛虛若來覓住址，佛兄午餐後仍回城。

英下議院以四六四票對一票通過對政府信任案，邱吉爾首相地位益見堅強。

今日報端有記事一則，云「錢牧齋明末宰相苟活於滿清統治下，居常熟時，曾自銘其手杖云『用之則行，舍之則藏，惟吾與爾有是夫』，謔者為續其下聯云：『危而不恃，顛而不扶，則將焉用彼相矣』，不脫原

題，而文意痛斥奸邪，允稱妙聯」。

## 1月31日

下午與宜齋進城訪梅佛光委員。

敵犯奉新，贛北又起激戰。

英、美已同意設立太平洋軍事會議。

希特烈侵蘇失敗，乃下令學校禁授拿破崙之歷史，殆有與拿翁同命運之感乎。

## 2月1日

接希文函，於十一月在中央訓練團受訓後，回洋縣，擬即赴重慶，並謂晉西南境內敵有退集侯馬說。

馬來亞英軍撤退，新加坡攻守戰開始。

上月二十九日為德國國社黨執政九週年紀念日，希特烈猶作誇張演說，謂本年內將擊潰敵人。

## 2月2日

今日有風雨，氣候又轉寒，上午八時紀念週，余出席報告，題目為「動員人力物力」。

蘇聯反攻部隊，已越過斯摩稜斯克及卡爾科夫，南路進展順利，切斷德軍聯絡。

長沙訊，倭寇第十一軍團長，為第二、第三兩次犯長沙敵軍之最指揮官阿南維畿，於一月廿日因慘敗羞愧自殺於漢口。

## 2月3日

電于院長報告在金華情形，下午接盧若電話，知監察院巡察團由蘭谿抵金華，寓縣商會。

## 2月4日

盧若來訪，談述巡察皖南經過，並說為增進監察制度之效率計，將來監察院確有隨時組織巡察團到各省巡視之必要，如此工作可趨積極，於考核政治尤大有裨益也，其意見與余所觀察者相同。

美羅斯福總統於二日咨請國會批准以五萬萬美金貸

於我國，可望通過，英政府亦通知我政府願貸款五千萬鎊。

美太平洋艦隊出動，大舉進攻倭馬紹爾及吉爾貝特兩根據地，倭受重大損失。

美參議院通過二百六十五萬萬鉅額海軍撥款案。

## 2月5日

余與子韶、宜齋，假座三和樓宴吳滌愆、梅佛光、何雪山諸委員，[8] 席間對視察工作曾談及皖南南陵縣長劉靖清貪污有據，曾派衛盧若往查，已將其扣押。

英上院於三日激烈辯論印度自治問題，議員中有主張應履行允許印度自治之諾言，似此情形，大約印度自治問題，已近解決期矣。

南非聯邦上院通過對日本、匈牙利、羅馬尼亞、保加利亞、芬蘭宣戰案，離英獨立案被否決。

## 2月6日

本日各方消息：

1. 倭開始進攻新加坡，魏菲爾下令死守待援。
2. 美眾議院順利通過五萬萬對我貸款案，並已將該案提交參議院。

---

8　吳瀚濤，字滌愆；梅公任，字佛光；何漢文，別號雪山。三人均為監察委員；1940 年 10 月，監察院設立戰區巡察團第一團，巡察長江以南戰區，以吳瀚濤為團長，梅公任、何漢文為委員。

## 2月7日

本日仍有風雨，氣候又轉寒，上午致李蔭翹一函，[9]勸其勉為其難，勿萌退志。

美參議院一致通過對我國五萬萬貸款案，已送候總統簽署。

日前許紹棣君與孫多慈女士結婚，鄭文禮君有賀詞（青玉案）云：「當年邂逅成奇遇，早暗地心相許，脈脈情懷誰與語？碧湖煙月，麗城風雨，總是相思處。盈盈帶水銀河阻，牛女遂憑鵲橋渡，好事相諧鸞鳳侶，畫眉初試，定情新賦，穩作風流主。」按孫為皖人，抗戰後避難麗水之碧湖，遂與許結合。[10]

## 2月8日

本日仍有風雪，下午接四弟函一件。

英美為統籌同盟軍作戰，在華盛頓設立參謀長聯合會議，中、荷、澳、紐均將派代表參與。

## 2月9日

上午紀念週，李子韶委員出席報告。

長沙第三次大戰，守長沙城為陸軍第十軍軍長李玉堂，山東人，與李延年、李仙洲，人稱為山東三李。

黃昏時，鄉間爆竹聲到處可聞，詢之鄉人知為祭灶，今日為陰曆臘月二十四日，與吾鄉二十三日祭灶風

---

9　李嗣璁，字蔭翹，時任豫魯監察使。

10　鄭文禮，時任浙江高等法院院長。

俗又不同矣。

## 2月10日

昨夜大雪，今晨未止，接虛若電話，陳雄夫先生來
金華。[11]

日寇在新加坡西北方強行登陸，時間為八日下午八
時至十一時，英守軍正與之激戰。

## 2月11日

大雪，本日消息：

1. 日軍又在馬加撒登陸。
2. 新加坡正激戰。

## 2月12日

午，進城訪陳雄夫先生。

## 2月13日

報載蔣委員長訪問印度，於數日前已抵新德里，此
舉為兩大民族攜手共同爭取勝利之先鋒。按印度為東亞
大國，人口有三萬萬一千餘萬，中、印兩國土地面積佔
全世界八分之一，人口佔全世界三分之一。

是晚又大雪。

---

11 陳肇英，字雄夫，時任閩浙監察使。

## 2月14日

晨起雪未止，據報載，此次東南大雪為多年來所未有，金華亦奇寒，溫度驟降至零度以下。

本日為農曆除夕，接青葉函，謂父親食量尚好，甚欣慰。[12]

新加坡肉搏巷戰，勢甚危殆。

某報載明人施紹莘，詠雪云：尖風一夜，彤雲千里，池面琉璃輕脆。六花騰舞，先春已奪花魁。只見穿簾似燕，入幕如賓，灑脫無拘泥。……

## 2月15日

本日為農曆正月元旦，晨五時起牀，鄉間爆竹聲不絕於耳。

蔣委員長抵印度西北部，視察開伯爾要塞防務，英已邀請印度加入英戰時內閣及太平洋戰時會議。

## 2月16日

新加坡昨日下午陷落，英軍停止抵抗，太平洋戰局又入一新階段矣。

## 2月17日

新加坡淪陷後，英相邱吉爾向全世界播講，呼籲堅定信念與決心，前途雖艱苦，必能轉危為安。

蘇門答拉之巨港淪於敵手，油田已破壞。

---

12 青葉，胡伯岳先生夫人李青葉女士。

## 2月18日

聞新加坡淪陷時，英軍六萬被俘。

## 2月19日

連陰多日，本日漸有晴意，上下午金華均有空襲警報，上午有敵機一架到金華窺伺。

段書田、樊廷儒兩君午來訪。

## 2月20日　晴

上午十時有敵機三架在金華上空盤旋，未投彈。下午二時，巡察團開委員會議。

報載蔣委員長在印度加爾各答與甘地會見，此可為兩大民族攜手合作之象徵，甘地贈蔣委員長白紡粗紗兩匹，贈蔣夫人紡紗車一輛，此舉尤饒意義。

## 2月21日

本日約監察院巡察團諸委員在軍風紀巡察團午餐，並對工作曾交換意見，吳滌愆、梅佛光、何雪山三委員均到。

## 2月22日

本日軍訊，連日由長江下游集結武漢之敵，陸續向岳陽移動，似又冀圖蠢動。

英國內閣勢將改組，報載前駐蘇聯大使克利浦斯有入閣任掌璽大臣消息。克氏在英國眾議院中為著名之左翼議員，近來主張印度問題急須早日解決，故克氏能入

閣，則英對印態度必有新決定。

## 2月23日

上午八時紀念週，金主任委員出席報告。

蔣委員長於離印度之前，在廿一日發表告印度國民書，大意謂中國與印度若無自由，則世界即無和平，盼英政府能授印度以政治權力，現在世界陣營分明，已無中間途徑可循，印度應投身反侵略陣線以爭取光明。

電于院長報告最近在金華工作情形。

## 2月24日

昨夜大雷雨。

山東青、濟敵分別出擾，正與我軍在魯南段激戰。

## 2月25日

陰雨，氣候又轉寒。

報載仰光消息，新加坡淪陷後，仰光對外航運，事實上已斷絕。

羅斯福在華盛頓誕辰（廿三）發表演說，美絕不能困守待斃，將確保主要交通線援助同盟國，並謂援助中國為戰勝日本之要素。

## 2月26日

接虛若電話，知監察院巡察團明日將出發義烏各縣巡察，遂於午餐後進城訪吳、梅、何三委員。

## 2月27日

上午十時有空襲警報。

滇通訊，二十五、二十六兩日緬境，我美國志願隊擊毀敵機三十四架，我無損失。

列寧格勒南蘇軍將德軍第十六軍包圍解決，恢復去年秋季原陣地。

## 2月28日　晴

上午九時又有空襲警報，下午進城訪虛若，方知其弟之康於日寇駐在曾家營時遇害，虛若次子憤而投軍，從事抗戰。又與友人談及黨國元老吳稚暉先生平日律己極嚴，自奉儉樸，年雖高，出入常步行，不作官，不用僕人，願一生作平民，其風度殊可欽佩。

軍訊，緬甸方面，兩軍刻隔西當河對戰，仰光爭奪戰已入決定階段。（仰光在西當河防線西南七十英里）

## 3月1日　陰雨

軍訊，贛皖沿江我軍分路出擊，香口攻入敵陣；[13]
又南洋方面，爪哇海外，正進行大海戰，結果尚不悉。

## 3月2日

上午八時紀念週，趙宜齋委員出席報告。

軍訊，敵人已在爪哇三處登陸。

## 3月3日

趙委員、陳委員出巡蘇南，因河水過大，汽車不能
渡，本日未起程。

全印度獨立黨執行委員會決議要求英國政府作一勇
毅而明白之宣言，允許印度完全獨立。

爪哇荷軍正對敵激戰，塔甲波之油田全破壞。

## 3月4日

近日閱讀聖經，馬太、馬可兩福音，本日讀完。

今日又雨，自春節以來，天無一日晴，殊苦悶。
午後習學書，半月來因痔疾發，未曾臨池，執筆又覺生
混矣。

## 3月5日

仍陰雨，今日曾與張、趙兩委員談及戰後從事實業
問題，均主張先從小規模入手。余近年來亦深感有經營

---

13 香口，為香河入江口，位於馬當江面的南岸，軍事要地。

實業之必要，因自學校畢業迄今廿餘年，雖個人未嘗感
失業與生活壓迫之苦，但與生產事業關係太少，對於家
人生計前途，確有不良影響，趙、張兩君同有此感，故
意見不謀而合。惟處今日時代，僅農業不足以應人生之
需要，非農工並進不可，在國家社會固須如此，即個人
亦然也。

## 3月6日

重慶訊，蔣委員長訪問緬甸，於五日午返抵重慶。

倫敦電訊，大批美軍，續開抵北愛爾蘭，隨軍尚有
看護與應徵服役之女子多人。

## 3月7日

接虛若電話，監察院巡察團昨晚由義烏返金華。

軍風紀巡察團趙、陳兩委員出巡蘇南，李、張、黃
三委員赴麗水查案，因據報告浙江地方銀行有大量囤積
貨物情形也。

魯西敵又大舉進犯，戰事正展開。

## 3月8日

上午十時進城訪吳、梅、何三委員，遇陳雄夫監察
使亦由浦江抵金華將赴閩。十二時有空襲警報，余適在
城內，下午一時半解除，聞敵機一架在東陽窺伺。

美國務院宣佈，美國即將派遣工業代表團赴印度，
協助印度開發資源，此對我國抗戰亦甚有關係，因資源
我可以利用也。

## 3月9日

上午八時紀念週，余出席報告印度革命與我國革命之關係。下午李子韶委員由麗水返金華，據談浙江地方銀行曾呈明浙省政府搶購物資，現存貨約值四百萬圓。

軍訊，爪哇與英、美電訊斷絕，萬隆形勢極危急。

## 3月10日

本日余瘧疾又發（下午）。

## 3月11日

上午七時進城至再生診療所，請鄔醫師診視，並打針，瘧疾本日未發。

## 3月12日

下午瘧疾又發，證明為間日瘧。

接梅佛光委員函附和詩及北山紀游詩各兩章。

## 3月13日

上午再進城看病打針。

接淑靜函，伊外祖父在西安臥病，表兄新世有信到洋縣，伊母將往省視。

## 3月14日

本日瘧疾未再發，打針生效焉。

據友人云，瘧疾服中藥午時茶加神麯（福建最好）與生薑亦有效。

接西笙函，[14] 大河公司仍繼續招股，並擬先在河南開辦紡紗廠，行將實現，仍屬余與子韶、宜齋為其招股。

閱英人伍華德所著戰禍溯源，首敘此次世界大戰近因，為德國進攻波蘭，次敘希特烈上台至慕尼黑會議之交涉，末敘戰事遠因，即德國著名思想家反對自由，人道，及民主國之生活方式，謂「國社黨胎源於不良根性，不明此種根性，即不知德人傾向戰爭的遠因」。余於伍華德氏所論斷亦認為確當，不過推原補始，實九一八日本侵畧東北四省開其端，苟無九一八之事變，世界戰爭縱不能免，為時或稍遲，而戰局形勢亦與今日不同焉。

## 3 月 15 日

本日精神比昨日稍好，惟猶畏風寒耳。

報載印度某地方，女多於男，少女如欲得才郎，須出資購買，且往住價值甚高，亦一奇聞也。

## 3 月 16 日

本日上午紀念週，聞張委員出席報告，余以病未參加。

重慶訊，十四日中國航空公司機一架，在滇空失事焚燬，英軍事代表團團長鄧尼斯少將遇難。

下午身體又微感不適，惟瘧疾未發。接西安卜存善

---

14 韓克溫，字西笙，山西人，時任職中央調查統計局。

來函報告（二月廿日發）岳父病甚危，現在不知如何，
殊懸念。

## 3 月 17 日

本日仍覺身體無力，下午又進城診治，便道並往訪
監察院巡察團諸同仁，虛若公出，未晤。

重慶訊，國民政府令公佈修正國民參政會組織條
例，參政員名額重行分配。

希特烈揚言，今夏擊敗蘇聯。

## 3 月 18 日

監察院巡察團據報金、蘭一帶物價暴漲，係與少數
銀行及公務人員囤積居奇有關，目前會同法院檢察官及
憲警，分在蘭谿、金華兩處銀行及倉庫擇要檢查，共相
倉庫十餘處。

接丹一函，仍在鞏縣，待遇已提高，隨覆一函。

## 3 月 19 日

同鄉楊善新、段禮耕來訪。

接王德卿先生函，[15] 最近赴渭北視察，舊地重遊，
舊友重逢，殊感興趣，惟謂友人程搏九先生目已失明，[16]
事出人意外。搏九曾同事於靖國軍時代，二十二年又同
任監察委員，抗戰後辭職返里，年已六十餘矣。德卿又

---

15 王平政，字德卿，山西人，時任國民政府監察院監察委員。
16 程運鵬，字搏九，1933 年與先生同任國民政府監察院監察委員，
　　1939 年 7 月因病辭職。

謂「英美國家已往對中國與日本認識錯誤，初則認中國無力，絕不能持久抗戰，繼認中國能持久抗戰非中國之有力，乃日本之無力，自太平洋戰起，迭遭挫敗，始悟日本為有力，更認中國之力為尤大，昔日之錯誤觀念方漸改變，自此以後，世界再無敢輕視中國者焉。不過吾人責任既增加，又須多經許多困苦之歷程耳。」

華盛頓訊，麥克阿瑟已由菲律賓飛抵澳洲，任澳洲軍事統帥。

電于院長報告近況。

本日四福音讀完。

## 3月20日

李善華夫婦來訪，下午進城訪吳滌愆先生。

## 3月21日

中國工業合作協會浙皖區辦事處主任孟受曾先生來訪，此係李善華女士介紹來談關於鄉村工業建設問題，因余擬在戰後從事實業，欲求教於專家，以為將來著手之準備耳。

## 3月22日

接藍天照君函，余容生一男，並謂渠近著「我國之新財政政策」、「戰時農業與糧食」各一冊，能於從政之餘，致力著作，殊可欽佩。

## 3月23日

上午八時週會，李子韶委員出席報告。

中、美兩國於二十一日成立協定，藉以實施美國參眾兩院前所一致通過之五萬萬圓財政援華案。

## 3月24日

接淑靜函，伊母於農曆正月十二日由洋縣起程赴西安，並寄來與伊母及衍民合攝相片一張。

美史蒂威爾已於日前抵重慶，一面受美總統任命指揮中、印、緬境內之美國軍隊，一面又受蔣委員長之任命，指揮現在緬甸之中國某某各軍。

近日蘇聯境內有激烈空戰，此為春季大戰之前奏。

## 3月25日

英特使克利浦斯抵印度，聞英擬就計劃畀印度以自由，將如埃及所獲者相同，現在須與英締結條約並加入同盟，戰後將以獨立資格參加和平會議。

## 3月26日

中央決發行金公債及儲蓄券各一萬萬美圓，公債每百圓法幣可購美金六圓，儲蓄券每百圓法幣可購五圓，預計可吸收法幣四十萬萬。

美海空軍突擊馬爾卡斯及威克島，英意在地中海進行海軍大戰。（均係二十四日消息）

## 3月27日

重慶訊，我入緬部隊，與敵發生激烈戰鬥，地點在東瓜以南。

虛若隨梅委員佛光赴衢縣視察。

## 3月28日

奉監察院令派赴麗水監試。

西安訊，敵機連日在宜川、韓城、大荔、耀縣、三原等處投彈，似又企圖渡河西犯。

## 3月29日

浙江各界昨日假金華軍人俱樂部為慈谿章之鴻縣長開追悼會，章縣長名駒，湯溪人，於去年十二月三十日在慈谿抗敵殉難，此為抗戰後浙江省縣長殉職之第一人，可謂有犧牲精神，不負官守。余去年秋往方岩監試回金華，途中遇章縣長，遂同車而返，據云即將回慈谿，不意此去未幾，竟為國犧牲矣。

## 3月30日

本日上午紀念週，黃委員報告。

讀某君所選課哥德語錄內容兩則：

（1）笨人與聰明人同樣是無害的，最危險的是半笨人，或半聰明人。

（2）人決不會被別人所欺騙，而是被他自己所欺騙。

頗有至理，余見世人往往如此。

## 3月31日

參政會新派參加巡察團委員劉家樹到團就職。

英特使克利浦斯在印度宣佈英建議主張組成新印度聯邦，戰後依程序制憲，地位與自治領同，戰時由英負責防務，由印度負責動員，印度各派對此反響如何，尚未可知。

北非英軍又大規模進攻，德軍一部投降。

吾鄉諺云「喫飯欠一口，可以延年。」反言之，喫飯若過飽則可以傷生。頃閱報載某君文內謂：「飯喫的愈多，所得滋養感分反而愈少，據一英國人馬凱在印度研究，一個人一日喫五百六十七公分米，實在享受到的蛋白質有百分之六十四，如將食量增加，一天喫八百五十公分米，實際享受到的蛋白質止有百分之四十六，可知喫飯過多，浪費亦愈多，不必於人有益」。大抵喫飯過飽，消化力必減弱，亦易致疾，不僅無益反傷生焉。

## 4月1日

接父親信，余妻有函到洋縣，謂余岳父病已痊，可喜。

段禮耕君來談，楊善新已將塩務職辭去。

華盛頓太平洋作戰會議已成立，本日開首次會議，中、英、美、澳、紐、荷均參加，與倫敦作戰會議相聯系，此會議澳洲在事前主張最力。

## 4月2日

昨日敵機二十八架轟炸衢縣，二十一架炸若水，共死一人傷二人，毀屋百餘間。

印度國民大會反對英國建議，國防不願受英制，英印談判前途困難尚多。

## 4月3日

敵機二十八架昨日分三批擾玉山，今晨五時半又有空襲警報，聞敵機十九架又飛往衢縣，詳情尚未悉。

下午進城訪監察院巡察團諸委員，虞若本日由江山偕梅委員返金華，梅委員三人將往永安監試

## 4月4日

昨日敵機又分批在衢縣與麗水，損失未詳。

據聞張溥泉先生近每對人談及民國二十四年在南京中央黨部救汪精衛事，頗引為遺憾。因汪被刺客孫鳳鳴槍擊，若非張先生奮前救之，則汪必死無疑，固無今日南京傀儡之醜劇焉。曾憶刺汪事發生後，余與友人往陵

園小築訪張先生，張夫人崔振華女士即以救汪為多事，謂「賣國賊如汪精衛還不應打死嗎」，余當時聞之無辭以應，至今思之，不能不服張夫人之卓識，令人肅然起敬也。

## 4月5日

昨夜大風雨，氣候又驟寒，趙、陳兩委員由蘇南返。

美前亞洲艦隊總司令顏露爾發表告我國人民書，倡議制定太平洋憲章，主張戰後印度、緬甸應予以獨立，各國在中國之領事裁判權應即撤消，台灣亦主張交還中國。此種倡議，必能發生有力之反響。

電于院長屆期即往麗水監試。

## 4月6日

瘧疾又發，下午赴城內打針。

## 4月7日

瘧疾本日未發，惟精神甚感痛苦。

## 4月8日

巡察團開委員會，決定余與李、倪兩委員十四日出發赴臨海一帶視察。[17] 余因病未出席，仍往城內打針。

報載高等、初試及普通考試延期一月。

---

17 李為李子韶、倪為倪弼，與胡伯岳先生均為軍事委員會軍風紀第一巡察團委員。

## 4月9日

接陵川函，長治縣黨部書記長吳鼎同志被反動份子殺害，殊可痛。吳在黨服務多年，忠實勇敢，年來在淪陷區不辭艱苦，領導民眾從事抗戰，今竟遇害，本黨又一大損失也。

## 4月10日

下午進城訪盧若未晤。

## 4月11日

報載菲律濱巴丹半島陷於敵手。

英、印仍進行協商，謀完成印度自主計劃，印度將建國民政府，由印人自掌國防，戰略仍由英掌理，聽聞困難問題尚多。

## 4月12日

英、印談判失敗。

下午與趙委員宜齋進城訪吳滌愆。

## 4月13日

接王德卿由西安來函，談及丹一工作問題，隨覆一函。

## 4月14日

大風雨，未出發。

## 4月15日

仍雨，法國賴伐爾又出掌政權，其依附軸心更顯明。

## 4月16日

雨未止。

## 4月17日

雨霽，與李、倪兩委員出發赴永康，寓大同旅社，下午又雨。

## 4月18日

早餐後，乘人力車赴壺溪鎮，屬縉雲縣，跟永康六十里，下午三時到達，又雨。

## 4月19日

雨止，乘竹輿赴橫溪鎮，仙居屬，下午四時到達，距壺鎮亦為六十華里，惟過括蒼嶺，路頗難行，是晚又雨。

## 4月20日

由橫溪鎮赴仙居縣城，六十五華里，乘竹輿行十五里至潘灘換乘舟，因天雨水大，四小時半即至仙居縣城，寓樂安旅社。

## 4月21日

上午視察仙居各機關，下午招集民眾團體，及地方

士紳談話，詢問地方情形，本日上下午均有空襲警報。

## 4月22日

上午視察地方自衛隊，並招集各鄉鎮保長談話，均對於保安第四團、四二補訓處軍風紀表示不滿，下午在縣政府招集各機關座談會。本日有警報三次，中午有敵機一隊向天台飛去。晚，袁右任縣長由臨海返，訪於旅社。

## 4月23日

上午七時乘舟赴臨海，下午六時到達縣城，縣長莊強華及第四高分院盧院長等在城外相接，晚寓法院寓所。據談十八日轟炸東京之美機共四十架，有兩架降落於浙境三門縣，機俱毀，飛行員共十人，內三人重傷、二人輕傷，已來臨海醫院療治，尚有五人尚安全，本晚亦可抵臨海，又聞尚有五架降落天目山，兩架降落於衢縣玉山飛機場，美機究自何處起飛，飛行員均拒不表示。（本日路經白水峽戚繼光破倭寇處）

## 4月24日

電于院長報視察仙居情形。

## 4月25日

上午赴北山恩澤醫院，代表中央慰問美國飛行員後，隨往臨海各機關視察，第七區專員公署在城外東湖為臨海風景最佳處，遙望南北兩山對峙，並與湖色相暉

映，余至時既值斜風細雨，亦頗使人留戀也。

## 4 月 26 日

上午、下午視察臨海各機關。

## 4 月 27 日

上午與倪委員往南山遊覽，下午招集縣黨部及地方
各團體開座談會。

接吳少訪委員由黃巖來函，詢赴黃巖日期，並云久
病後，精神尚未復元，仍在鄉間療養。

電金主任委員，保安第四團團長王定平藉端勒索鄉
長朱仲南九千圓，經查明屬實，請電令保安處將其扣留
嚴辦。

## 4 月 28 日

陰雨，下午招集各機關開座談會。

## 4 月 29 日

上午九時，由臨海乘汽輪赴黃巖，水程一百二十
里，下午二時到達。

電于院長報告抵黃巖。

## 4 月 30 日

上、下午視察黃巖各機關，晚吳少訪委員假林宅
聚餐。

## 5月1日

上午偕倪委員往九峰圖書館參觀。去歲四月黃巖淪陷前，書多移藏西鄉鄉間，據館內人言藏書在十萬卷以上，宋明版書均有，且有為海內所無，而成孤本者，殊可珍貴，惜未能一覽也。下午杜專員由路橋抵黃巖，遂相偕至第二洞天遊覽，有高道人者，山西陽曲人，曾任營長，十九年戰後，逃隱於此，詢其真姓名，不答。

## 5月2日

上午七時由黃巖赴路橋鎮，水路三十里，寓青年宿舍。下午視察各機關，路橋現為台屬商業最繁盛之區。

## 5月3日

由路橋赴溫嶺，寓溫嶺大旅社，聞夏縣長言溫嶺有人口五十萬餘，較黃巖略少，雖無黃嶺之橘（每年可收入三百萬），但因有魚塩之利，且為產米區，每年可餘三十萬石，在抗戰前草帽手工業亦盛，每年出口約有兩千萬（黃巖約一千萬），故在經濟方面，尚較黃巖為優，惟文化水準稍低耳（黃巖亦為餘糧縣份，每年約二十萬石）。余由路橋乘小汽輪過澤國鎮入溫嶺境界，見河道縱橫，舟行往來如梭，其情形與浙西之杭嘉湖相髣髴也。

## 5月4日

上午視察溫嶺各機關，下午招集各民眾團體代表及士紳開座談會。

## 5月5日

上午參加各界國民月會，下午招集各機關開座談會。

## 5月6日

由溫嶺赴樂清，上午六時乘汽輪至大溪鎮，換乘竹輿過樂清之大荊鎮至雁蕩之南閣村，寓鄉長章之榮家。

## 5月7日

上午游覽散水岩、龍溜、顯勝門諸名勝，顯勝門雙壁對立，其勢峭拔雄奇，如門戶然，有人題曰天下第一門，過門緣石壁而上，可見飛湫瀑，又半壁間有石洞，內有一石，遠望之似佛像，惟人不易登耳。午返至南閣午飯後，過馬家嶺至靈峯寺，宿焉。余至雁蕩，此為第二次，第一次在二十八年一月間，山之北部一帶未到。

## 5月8日

上午六時由靈峯寺出發，先至靈岩寺，成圓和尚出而招待，隨用早餐，九時許又往能仁寺、大龍湫，西石梁諸名勝遊覽，此皆為余舊遊之地，因奉陪李、倪兩委員，又作嚮導耳。四時（下午）下山，行十五里至芙蓉街（因別於小芙蓉，一名大芙蓉），寓俞姓宅。昨、今兩日，天氣晴和，不寒不熱，天公可謂助興矣。

## 5月9日

上午仍乘竹輿至虹橋，下午換舟至樂清城。

## 5 月 10 日

上午視察各機關。

閱報英軍佔領法屬馬達加斯加島，澳洲附近珊瑚海，美、日海軍正激戰。

電于院長報告抵樂清視察。

## 5 月 11 日

上午參加樂清各界擴大紀念週，散會後視察縣政府及監所，下午乘輪赴永嘉，七時到達。

閱報珊瑚海海戰，美軍勝利，日本艦隻共損失十八艘，其餘逃逸。（此係日本第三艦隊）

專員張寶琛、縣長李則淵來訪。

## 5 月 12 日

視察永嘉各機關，下午阮毅成廳長來訪。

## 5 月 13 日

繼續視察永嘉各機關。

## 5 月 14 日

由永嘉赴麗水，晚宿舟中。

## 5 月 15 日

下午五時抵麗水，聞敵人在浙東又思竄擾。

## 5月16日

訪許廳長商考試問題，[18] 晚表弟居仁來訪於旅舍。

## 5月17日

聞浙省政府已遷於松陽，東陽有淪陷消息。

## 5月18日

高考初試本日開始，因整日在空襲警報中，定於下午四時入場，入場共四十一人，並電告于院長。

## 5月19日

本日因空襲，高考下午六時入場。

## 5月20日

高考本日如期完竣。

## 5月21日

原擬本日回金華，因交通阻斷，未能起程，下午余一人往游南湖山。

## 5月22日

普通考試本日開始，由李子韶委員監試，入場者僅十四人，受戰局影響也。

---

18 許廳長，教育廳長許紹棣。

## 5月23日

本日內永康敵前哨在縉雲、永康間之石柱地方，跟麗水僅百餘里，縉雲至麗水之公路已破壞。

## 5月24日

普通考試本日如期完竣，在此軍事時期，浙東戰況日緊，人心不寧，能如期完竣，殊為樂事。

## 5月25日

原擬本日起程返廣豐，因接金漢鼎主任委員電，軍巡團已移往該縣也，以無交通車未果。

## 5月26日

上午五時乘車渡江赴龍泉，晚至浦城。

## 5月27日

本日無交通車，在浦城留一日。

## 5月28日

由浦城乘汽車至江山之賀村，又乘火車至上饒

## 5月29日

大雨，留上饒一日。

## 5月30日

瘧疾又發，乘人力車至廣豐。

## 5月31日

聞我軍已將金華、蘭谿放棄。

## 6月1日

軍巡團決定移往福建，先由廣豐至浦城。

## 6月2日

昨晚又發熱，殊苦惱，今早衛生院徐院長來診視。

## 6月3日

上饒張寶珊大兄來訪，少留即去，據云上饒人心亦不寧也。

## 6月4日

又大雨。

接父親函，伯父於去年陰曆十一月二十五日逝世，臨歿時並無疾病。因思伯父享年七十二歲，一生未離家鄉一步，余既未能奉養，又不能送終，負疚無窮，讀書未竟，悲澈心肺矣。嗚呼！其將奈何。

## 6月5日

浙東戰事日緊張，聞敵人已竄至龍游附近。

## 6月6日

倪委員由廣豐城來談，據聞我軍又變更戰畧，衢縣有放棄說，確否待証。

## 6月7日

余與李、趙、張、陳諸委員由法雨殿出發，步行至

五都，共三十餘華里。

## 6月8日

留五都，金主任委員及團內職員乘汽車亦到，午餐後又繼續前進，晚宿二渡關。

## 6月9日

余與李、趙諸委仍決定繼續前行，不候汽車，行二十里宿桐家坂，因軍隊及第三分校沿途拉夫，商民多逃避，秩序甚亂。

## 6月10日

由桐家坂出發，經二渡關（二十里）至王家橋午餐，適敵機來擾，投彈並用機槍掃射，倉猝不及避，情勢頗緊張，幸同行者均安全。

## 6月11日

步行至盤亭，團內派汽車來接，惟因沿途敵機不斷肆擾，白日行動不便，行二十餘里，至柳家墩即休息。是日敵機數架，果在柳家墩南北均投彈掃射，本團憲兵一人被炸傷。下午四時後，又起程前行，晚八時至浦城九湫團部。

## 6月12日

仍留九湫。

## 6月13日

胡幹事由建陽返，據談六日建甌報紙載一消息，本團有與第四巡察團對調說，但本團尚未奉到正式命令，確否未可知。

## 6月14日

閱十日報，日寇海軍五日又偷襲中途島，戰至七日下午日寇敗退，聞損失頗重。

## 6月15日

巡察團原擬移往泰寧，因交通不便（不通公路），遂決定向永安方向移動。

## 6月16日

由浦城赴建甌，下午五時到達，寓服務社。過建陽時，曾往訪吳滌愆、梅佛光、何雪山、衛虛若諸君，均往郊外避空襲未遇。（是日過水吉、建陽，食楊梅甚美）

## 6月17日

仍留建甌。

## 6月18日

由建甌到南平，寓中南旅運社。

## 6月19日

仍留南平。（自十五日至此係補記，故本日事先誤記於前）

閩建設廳長陸桂祥由浦城抵南平，訪余等於中南旅運社，據其所言，浙江省政府將大部職員遣散，各發生活費五個月，擬隨時局轉變情況，組織游擊政府。

## 6月20日

由南平至三元縣，三元原為一鎮，人口約四千，廿八年余第一次來時，改設特區，廿九年始設縣治，福建行政幹部訓練團仍設於此，縣長黃鎮中，保安處長黃珍吾君之弟也。

## 6月21日

仍留三元，巡察團原擬移駐於此，因無空房可租借，又改變計劃，本日派雷幹事往永安覓住址。

## 6月22日

本日決定巡察團移駐永安貢川。

英軍在北非失敗，邱吉爾抵華盛頓與羅斯福會晤，此為第三次，會晤結果尚不悉。

## 6月23日

電于院長報告到福建情形，下午大雨。

## 6月24日

又病，係水泄，閩北氣候寒熱不當，兼之水土不服，外人來此最易生病。

## 6月25日

遵趙宜齋指示，服木香檳榔丸，水泄稍減。

## 6月26日

病仍未愈，請劉幼巖醫生診視，服中藥一劑。

## 6月27日

精神仍感疲乏，又請劉醫生診視一次，繼續服藥。

報載浙敵犯麗水，在城郊血戰，大約此城又不保矣。

## 6月28日

函告洋縣家中及四弟，將遷往永安貢川。

## 6月29日

上午十時有空襲警報，十一時解除。

電于院長報告此次沿途所見情形，署謂，查此次浙東戰事發生，我軍初聞擬在金華、蘭谿與敵決戰，繼聞又在衢縣，終則均未實現，逐步後撤，因決策不定，戰局演變又過速，致各機關倉猝遷移，狼狽不堪，物資之損失亦特重。兼之當時大雨路壞，敵機肆擾，委員沿途所見，軍民與交通工具頗受損害，而第三軍分校到處拉伕，商民逃避一空，食物缺乏，秩序尤為紊亂等語。

## 6月30日

泄疾痊愈，停止服藥。

## 7月1日

決定巡察團有家眷者及重要行李先移往貢川。

## 7月2日

閩北荒地荒山到處均有，據黃縣長本日來談，本地人民向來多食筍，不知種青菜，以致營養不足，大抵面黃肌瘦，視若病人，原因於人民懶惰，教育落後，近年交通稍便，風氣亦漸隨之轉移，惟懶惰之性，仍恐不易革除耳。

## 7月3日

巡察團接軍委會電，巡察團組織規程又經修正，委員均定有任期，詳情尚不悉。

## 7月4日

倫敦訊，英下議院辯論戰局，邱吉爾發表聲明述戰事形勢。

又下院通過對政府信任案。

## 7月5日

接軍委會電，余與第四團白鵬飛委員對調，李子韶委員調回監察院。

## 7月6日

張竹溪、陳積善、倪公輔三委員由三元赴貢川。[19]
悉父親及四弟將赴桂林。

## 7月7日

本日為我國抗戰五週年紀念日，全國各地均熱烈紀
念，各同盟國軍政要人多來電致賀，可知我國抗戰，在
此次世界大戰中關係之重要。

重慶訊，我國境內同盟軍飛機於一日轟炸漢口南
湖敵機場，二日轟炸南昌敵機場，四日轟炸廣州白雲山
機場。

## 7月8日

報載美國近來有新運動，即朝野人士對於種族平等
之原則，提倡頗力，並在不久之將來有具體化之希望，
此亦人類之福音。

## 7月9日

本日為北伐誓師紀念日，又為三民主義青年團成立
四週年紀念日，三元省訓練團、青年團及各機關均分別
舉行紀念會。

## 7月10日

江西訊，我軍三日克復鄱陽，九日克復南城。

---

19 倪弼，字公輔。

## 7 月 11 日

閩俗卜歲每視夏歷五月二十三日之是否落雨，諺云「大落大乾，小落小乾，不落不乾。」即謂五月二十三日天晴不雨，早稻可望豐收也。吾鄉亦有「收秋不收秋，須看五月二十六。」意謂此日落雨則秋收有望矣，南北情形不同如此。

## 7 月 12 日

報載蘇德兩軍激戰頓河，莫斯科至羅斯多夫鐵路線被切斷。

本日雨，氣候轉涼。

## 7 月 13 日

麗水敵犯青田，冀向永嘉方面進擾，又敵一部在瑞安登陸，浙東戰局益擴大。

## 7 月 14 日

早五時由三元赴貢川，貢川為永安之一鎮，以產紙著名，與連城並稱（連史紙出連城），近年經政府提倡改良，又有進步。

貢川戶口雖不少，然到處荒地，景象衰落，抗戰後閩塩務局移駐於此，風氣稍變。

## 7 月 15 日

軍委會令，金主任委員、陳委員調巡二團，倪委員調巡五團，黃委員調巡四團。

昨夜大雨。

報載我軍與敵在永嘉附近激戰。

## 7月16日

晨起大霧，七時開談話會，商議今後行動問題。
（旅費與交通工具）

## 7月17日

接李炳森同志由博樂來函，述年來生活苦況。

## 7月18日

赴永安訪劉主席、劉靜波處長並視王寬之君疾。

永安物價，近日飛漲。

## 7月19日

由永安返貢川。

接青葉舊曆三月卅日在西安來函，述岳父病已痊，伊即回洋縣，晉益會改為晉豐麵廠，地址在西安東關大新巷一號。

## 7月20日

軍訊，浙東永嘉、瑞安，贛東橫峯、弋陽均收復。

## 7月21日

蘇聯頓河方面蘇軍奪回重要渡口，德軍退西岸。

埃及方面，德軍準備第二度進攻。

## 7月22日

本日甚熱，劉行之委員由永安來。

## 7月23日

接父親五月十三日函，洋縣小麥豐收，糧價可望下落，青葉尚未回。

## 7月24日

本日雨，氣候涼爽。

## 7月25日

美國務卿赫爾播講，惟有搜索進擊敵人始能獲得作戰勝利，此或為美軍秋季取攻勢之先聲。

## 7月26日

巡察團秘書張楚玉君善吟詠，近賦詩若干首，記由贛入閩沿途之所經見，請各委員題詞，余跋云：

倉皇戎事閩關行，道路流亡觸目驚，
寫出新詩愁滿紙，賡揚風雅屬先生。

本日讀大學中庸。

## 7月27日

倫敦訊，坎特伯雷大主教鄧波向我國廣播，謂中國文化已有悠久之歷史，所著重者為人類之真正價值，與德尚機械效率或物質財富之文化，自不可同日而語。按

我國因五年抗戰，漸引起世人注意我國之文化與民族精神。

本日讀柳子厚文若干篇。

## 7 月 28 日

晨大霧，近日永安一帶物價奇昂，麵包一枚重不足二兩，即售國幣五角，感喫飯難矣。

電于院長報告將赴桂。

## 7 月 29 日

本日始正式奉監察院令，調軍風紀第四團服務。

報載國府廿七日令公佈國民參政員名單，張竹溪同志落選，山西馬君圖先生新參加，餘三人仍舊。[20]

## 7 月 30 日

整理電稿。

本日天氣甚熱，永安已過一百零三度。

## 7 月 31 日

據羅斯福代表居禮二次到重慶對人表示，在一九四一年，英、美對太平洋戰事均無準備，無怪去年十二月八日日寇敵對美、英同時進攻也。英、美人民富饒日久，習於安樂，犧牲與喫苦精神因之大弱，吾國古人云：「晏安鴆毒，不可懷也」，誠可為有國者之鑒戒矣。

---

20 馬君圖，名駿，山西晉城人，第三屆國民參政會參政員。「餘三人仍舊」，三人為梁上棟、李鴻文、常乃惠。

## 8月1日

中國工程師學會本日在蘭州舉行年會，該會成立於民國元年，初名中華工程師會，係詹天佑先生所創立。我國在抗戰期間及抗戰勝利後，推行工業實為全國所急需，因之該會所負使命自特別重大，據聞該會現有分會三十二處、會員四千餘人。

## 8月2日

重慶訊，前日衡陽空戰，又擊落敵機九架，兩日間共擊落十七架。

## 8月3日

軍委會今日始將修正軍風紀巡察團規程寄到，主任委員與委員任期均定為一年，不得連任；在職權方面，亦側重於軍隊之軍風紀及軍人之失職違法與貪污事件。按軍風紀巡察團過去之作法及其性質實係行使監察權，對於五權獨立之精神，本屬不合，此次修正，較為合理矣。

## 8月4日

晨起大霧，午極熱，接吳少訪委員電話，已抵永安。吳於一月間返黃巖故里，因病遂留黃巖，浙東戰起交通梗阻，同人對之均極關心也。

## 8月5日

吳少訪委員由永安來貢川。

報載英國賴斯基教授近對華廣播，指出此次世界大
戰為革命與反革命的鬥爭，大意謂「這次戰爭乃全世界
在每一地方進行著偉大革命之一幕，中國人民、蘇聯人
民、以及英美，均一致努力於表現這偉大革命，其目
標在求建設一種新環境（按此新環境，即指羅斯福所之
四大自由）。賴氏並謂「解放中國，自非為少數軍閥、
少數學者、少數商人謀私利，係為中國千百萬民眾爭取
自由，吾人現已完全明瞭中國之抗戰乃中國全體民眾爭
取自由，以決定其自身命運之奮鬥，而為全世界偉大革
命之一部分……。」（按賴氏此語可謂對三民主義之
革命，已有真確認識）賴氏並引孔子「庶之」、「富
之」、「教之」之語，謂中國欲求成其偉大，必須一本
孔子之遺訓，始克有濟。

## 8月6日

南平訊，前閩省公沽總局局長金啟裕等七人舞弊達
百萬圓，已經監察院巡察團偵察有據，先行扣押有關人
犯，聽候辦法。按民國廿九年閩浙發生糧荒，省政府為
管制食糧，實行設局公賣，閩省為公沽局，負責人竟乘
火打劫，從中舞弊，可謂毫無人心矣。

英首相邱吉爾與美總統羅斯福所派專使蒲立德，
近傳已秘密訪蘇，此訊如確，似與歐洲開闢第二戰場
有關。

## 8月7日

本日奇熱。

　　蘭州訊，工程師年會接于院長電，畧謂「去年視察西北後，草有十年萬井計劃，擬先由此間試辦，以補渠工之不及，十年計劃歷程除第一年之準備工作外，以第二年之鑿千口井起算，按年以數學級數遞增，十年內完成萬井，切而有方，輕而易舉，當足以救西北之窮，謀西北有利也。」按西北建設，確以水利與交通兩事為最緊要，而水利尤為迫切，必開渠鑿井同時並進，方能解決水利問題，蓋地理使然也。

## 8月8日

　　據福建衛生院連年統計，福建疾病之多甲於全國，如瘧疾、鼠疫、麻瘋、住血蟲病、鈎蟲病、血絲蟲病、睪丸腫大病等，皆傳染甚廣，止瘧疾一種，每年死亡約為四十萬人，無數目實足驚人。多病之原因：
（1）境內多高山深谷，惟以接近熱帶，冬不嚴寒，夏少酷暑，適宜於細菌及寄生蟲生長之條件；
（2）一般人民知識幼稚，一切衣食住行等日常生活，多不適合衛生條件；
（3）自海禁開後，外國疾病，隨之而來，如花柳、鼠疫等。
　　福建省地方當局近年雖竭力擴充衛生院，但以衛生材料與醫生之缺乏，尚未能收大效，此確最嚴重之問題。

## 8月9日

　　本日仍甚熱。

近數日批閱李二曲先生之四書反身錄。

軍風紀巡察團接軍委會電，第一、三兩戰區軍風紀最腐敗，令擬嚴厲有效辦法。上午七時開委員會討論覆電。

## 8月10日

本日雨，暑氣稍減，上午紀念週，吳委員報告。

## 8月11日

印度國民大會通過決議案，要求英國立即撤離印度，最近英印問題遂陷僵局，本日報載印度政府已將甘地、尼赫魯、阿沙德及國民大會常務委員等五十四人逮捕拘禁，並下令禁止國民大會之活動。按印度爭取自由獨立，固為吾人所極端表同情，惟當此世界戰局嚴重之今日，竟使人無法對印度表示援助，誠為憾事，今後印度問題，又將演變至何境地，亦關心世變者所不勝隱憂也。

## 8月12日

近數日同盟軍在南太平洋進攻所羅門群島，在北太平洋進攻阿留申群島敵軍，此舉當係驅逐敵人，確保海洋航線。

## 8月13日

上午七時開委員會，討論呈覆軍委會電稿，僉以軍紀不良，由於高級軍官生活腐化，賞罰不明，紀律廢

弛，檢訓太少，糾察機構職權過弱，故擬：

（1）整飭高級軍官腐化惡習，務使以身作則，楷模
　　　僚屬；

（2）切實執行連坐法，檢討戰績，明定賞罰；

（3）整頓補訓機關，改善士兵教育，提高官兵待遇；

（4）健全軍民合作工作，並充實各軍民合作站力量，
　　　供應部隊戰時需要，嚴禁軍隊拉伕拉車；

（5）改善游擊機構，編練民團替代，由地方正紳或正
　　　規軍官率領，以免擾民；

（6）強化糾察機構，提高戰區軍風紀巡察團職權。

## 8月14日

四書反身錄學庸及論語部分閱完。

## 8月15日

報載美總統羅斯福於昨天大西洋憲章週年紀念日，
特向英首相邱吉爾重申憲章之原則，意謂世界光明前途
之希望，咸基於此原則之實現，羅氏此舉或與最近英印
問題有影響。

## 8月16日

近為一螺蠃日唧泥築巢於余之室內壁柱間，自上月
下旬迄今，已築成十餘，每巢均半小時可畢其事，隨即
捕一幼蟲封閉其中，翌日啟視後回封之不復啟。余與子
韶、宜齋觀之頗感興趣，雖巢內有無產卵及將來結果
如何尚不知，而一物之微，其辛勤不輟，止工作不問收

穫，與夫次序之有條不紊有如此者，故特附記於此。

## 8月17日

瘧疾又作，幸尚輕微。

## 8月18日

莫斯科十七日訊，邱吉爾已抵蘇京與斯達林會談，羅斯福代表哈里曼亦參加，此次會談於對法戰事，當有重要決定。

## 8月19日

瘧疾減輕，繼續批閱四書反身錄全部完竣。

## 8月20日

接希文函，仍在北碚。

英美加聯軍襲擊法國海岸，已有一部登陸，惟據軍事機關宣布，尚非第二戰場開始。

溫州敵人已撤退。

## 8月21日

我軍於十九日克復上饒、貴溪，刻正進攻廣豐、鷹潭，觀此則敵人似大部有撤退轉用於別處形勢，敵人兵力有限，到處消耗，當亦有說不出苦悶也。

黃公恕委員談二十六軍丁石安軍長素日頗善用兵，其練兵時當以四語告軍士，即「攻要猛，追要緊，守要穩，退要整。」

## 8月22日

贛東我軍續克廣豐。

## 8月23日

日前赴永安，路經桃源洞口，見明人陳源笙在絕壁間有留題詩句頗佳，忽忽一過，苦不能記憶。今日張楚玉秘書由永安返，將詩錄來見示，其詩云：

介破巉巖一澗流，探奇乘浪弄扁舟，
懸崖高削千尋玉，幽壑寒生六月秋。
點綴烟雲閒去住，忘機鷗鳥自沉浮，
武陵人遠桃花在，臨眺躊躇意未休。[21]

## 8月24日

國府令閩浙監察使陳肇英免職，高魯繼任。
贛東我軍繼收復玉山、餘江、鷹潭，浙東收復江山。
巴西已對德、義宣戰，同盟國實力又可增強矣。

## 8月25日

浙東克復常山，贛東克復臨川，臨川收復後，贛浙公路交通可不受威脅矣。
本日開始整理行裝。

---

21 陳源「笙」應為陳源「湛」。經核對桃源洞現址題詩為：「介破
巉岩一澗流，探奇乘浪派弄扁舟。懸崖高削千尋玉，幽壑寒生六月
秋。點岫煙雲閒去住，忘機鷗鳥自沉浮。武陵人遠桃空在，臨眺
躊躇意未休。」其中「派」、「空」兩字不同。

## 8月26日

上午整理行裝。

本日報紙未到。

晚，倪局長設宴餞行

## 8月27日

奉院令派，再與李子韶委員赴麗水監試，試期為九月廿八日開始，惟麗水尚為敵人佔據，將來能否舉辦考試，頗成問題。但余與李委員赴桂之行不得不改期矣。

## 8月28日

報載我軍進薄衢縣取城下，松陽、麗水敵已後撤。

下午五時設宴為倪局長餞行。

## 8月29日

我軍昨日晨克衢州，贛東進賢亦收復。

本日為南京條約（江寧條約）簽訂百年週期之日，我國國勢陵夷，實從此次不平等條約開始，今日思之猶有餘痛。又本日為韓國被日本吞併已第三十二週年紀念日。

接劉慎堂函，河南今年小麥歉收，入秋後仍旱，丹一已將鞏縣稅務辭去，赴西安居住。

## 8月30日

浙東收復麗水機場。

本日臨時委員會議，推趙委員代行主任委員職務。

## 8月31日

蘭谿、龍游收復，金華收復當為指顧間事。

## 9月1日

黃委員赴桂林，余派衛士童克康押運行李隨行。

閱報，某君論國防科學與科學的國防，謂「國防已由點線而進於全面，在現代戰爭須集中全國人力物力財力行之，不分前方後方矣，且科學的國防不止應注意科學的建設，尤應注意科學的管理，德國近兩年軍事上所以能有成就，完全得力於此，對於交通、工廠等等，均係用科學方法管理，如全國製造螺絲釘工廠所出產的螺絲釘都是一樣標準，標準統一，不但生產快，且隨時隨地，都可以得到修理補充的材料是也」。此種見解確屬正當，可為吾國建國之借鑑也。

## 9月2日

軍訊，浙東縉雲、武義、永康均收，我軍迫近金華。

## 9月3日

閱報，某君謂古詩十九首之時代與作者，歷來眾說紛紜，要皆為推測之詞，惟所敢斷定者，其非出於同一時代與一人之手，則為歷來論者所共認，就其詩中所取之材料與所表現之思想，當為西東兩漢辭人如枚乘、張衡、蔡邕等所作。某君之言確否，姑記於此，以待考。

## 9月4日

金華、蘭谿城郊，我軍與敵正激戰。（三日上饒訊）
監察院巡察團定本日赴福州視察。（三日南平訊）

## 9月5日

再電浙教育廳長許紹棣，詢問高普考能否舉行。

## 9月6日

我軍與敵寇仍在金華、蘭谿附近激戰。

## 9月7日

八月二十九日及九月五日各發一電致浙教育廳許廳長，由浙省政府譯轉，惟浙省政府與教育廳於麗水淪陷後遷移何處均不明，恐轉遞有誤，本日又發一快函。

## 9月8日

金華、蘭谿一帶戰事仍繼續進行。

蘇南路斯塔林格勒戰事仍嚴重，惟隆美爾最近進攻埃及未得勢，軸心全面夏季攻勢已遭挫敗。

## 9月9日

昨夜瘧疾又作，發寒發熱，今早服奎寧兩粒，午又往衛生所診視，據醫生云服奎寧須大便通暢，否則藥力失其效用。

## 9月10日

李委員子韶遷居團部外，余原約同時外遷，因病未果。

## 9月11日

本日下午與李委員由貢川鎮回寓途中，對余言吾人處世宜度量寬宏，勿以他人有過失，則責之甚嚴，不稍原諒。余頗韙其說，因其意之所指，以余在軍風紀巡察團任職四年，每對人事上之不滿，則見之於辭氣之間，最易開罪於人也。李與余交甚厚，金石之言，當銘之肺腑。

## 9月12日

金鑄九主任委員赴洛陽，[22] 同人均到車站送別。

據聞（報載）小柴胡湯可始瘥，未試用，不知驗否，姑記於此。

## 9月13日

昨夜大雨。

英軍於十日晨第二次在馬達加斯加島西岸三處登陸，其意在確保印度洋之航線。

## 9月14日

函稟父親，何日赴麗水尚未定。

## 9月15日

移居團外。

接虛若由福州來函，已調任調查專員。

---

22 金漢鼎，字鑄九。

新任軍巡第一團主任委員張幹之，由永安來貢川。[23]

## 9 月 16 日

浙東我軍克武義。

## 9 月 17 日

近來各地物價日漲，就永安而論，豬肉每斤售至八元餘，小白菜三元餘，韭菜花每斤則售至十六元，甚是駭人。

浙教廳覆尚未到，因考試期將屆，遂決定與李委員明日起程赴麗水。

## 9 月 18 日

由貢川赴南平，寓中南旅運社。

## 9 月 19 日

由南平赴建陽，寓中南旅運社。

## 9 月 20 日

原擬即赴浦城，因行李未到，暫留建陽，遇黃權師長新由浙來，知浙省政府及各廳均在雲和。

建陽物價較南平尤貴，雞蛋每枚一元五角，青菜每斤弍元，客飯每人每餐最低限度八元。

---

23 張貞，字幹之，曾任國民政府軍事委員會軍風紀第四巡察團上將主任委員。

## 9月21日

仍留建陽。

## 9月22日

由建陽赴浦城，寓交通旅館。

## 9月23日

由浦城至龍泉，寓集賢旅館。

## 9月24日

因無往雲和車，仍留龍泉，下午五時崔縣長約晚餐，蓋本日為舊歷中秋節。曾憶二十八年舊歷八月十四日，余與張楚階委員由浦城出發赴松溪，昨日由浦城出發來龍泉，又適為八月十四日，可謂巧矣。

## 9月25日

由龍泉至雲和，晤教育廳趙欲仁秘書，始知麗水試務處迄未成立，高普考及特種考試無從進行，余與李子韶委員果空此一行矣。

據聞武義敵又增援。

## 9月26日

接浙教育廳電，本屆高普考因無適當處所作試場，已電考選委員會請停止考試。

電于院長有日抵雲和，浙區本屆試務處未成立，並未通告考生報名，考試無從舉辦，擬與李委員再返永安

分赴渝、桂。

李委員病瘥。

## 9月27日

函趙宜齋委員，欲返永安。（本日無西行車未起程）

## 9月28日

由雲和赴龍泉。

## 9月29日

由龍泉赴浦城。

## 9月30日

由浦城至建陽，寓中南旅運社。

## 10月1日

留建陽。

## 10月2日

由建陽到南平，寓中南旅運社。

## 10月3日

留南平。

## 10月4日

由南平到永安，遇吳滌愆、何雪山來此監試，亦寓中南旅運社。

## 10月5日

留永安。

電于院長已到永安。

## 10月6日

留永安，晨六時往上吉山訪王寬之，寬之咯血病漸愈，惟其體仍弱，尚需有長時期之休養。寬之客寓東南已數載，病後思家心切，在言談中可以見之，然現在交通困難如此，亦欲行不得也，余念其每月收入不敷開支，臨去特贈國幣二百圓。

晚七時劉靜波處長約往華英樓晚餐。

## 10月7日

由永安至長汀，寓中南旅運社，近日閩北一帶奇熱，中秋有如盛夏，終日揮汗如雨。

## 10月8日

由長汀至贛縣，中途兩次渡河，晚八時到。

## 10月9日

留贛縣。

## 10月10日

由贛縣赴曲江，到處旅館皆告客滿，欲求一宿身之所而不可得。

## 10月11日

留曲江。閱報，英美政府同時發表聲明，撤消在華治外法權與其他特權，即與我政府談判解決一切有關問題。英美兩國政府能決然出此，則此項聯合作戰方為有意義。

## 10月12日

留曲江。

## 10月13日

由曲江赴衡陽，因天雨路壞，車至郴縣停半日。

## 10月14日

至衡陽。

## 10月15日

至桂林，即移住團內。下午六時，劉侯武察使約晚餐，同席除李子韶委員外，有高魯監察使、白委員鵬飛、安徽主席李品仙及陳策將軍。

## 10月16日

下午與李委員子韶往遊七星巖洞，洞長約里許，可容三萬人，年來附近居民有警報時，多來此避空襲，天然一好防空洞也。洞有前後兩口，一出一入，遊時有人執火把作引導。

## 10月17日

寄父親及四弟函各一。

## 10月18日

擬往遊朝陽洞，因李委員子韶足痛未果。

## 10月19日

接趙宜齋委員電，十七日由永安起程赴渝抵桂後，換乘飛機。子韶原定明日赴金城江轉渝，因候晤宜齋，原計劃變更，下午移居南車站旅館。

本日雨，雲霧中看環城諸峯，若隱若現，又一番景色也。

## 10 月 20 日

本日雨。

## 10 月 21 日

上午仍雨，九時進城訪子韶先生，下午返寓，寫答友人書數件，晚晴，月色如水，附近諸峯，隱約可辨。

## 10 月 22 日

閱廣西建設研究第六卷第六期，有劉侯武監察使所著「強化監察制度之商榷」一文，敘述我國監察制度之演變與特點，及現行監察制度之缺點。謂欲實現五權憲法之精神，收監察之效用，對現行監察制度確有強化之必要。劉氏主張監察院對於違法失職官吏有彈劾、逮捕、懲戒之權，對於行政訴訟有受理之權，對各官署之違法處分有取銷或變更之權，對一切行政事項及行政官吏，有考查、考試、指導之權，對政府之財政有審計之權。

又感冒，略感不適，服阿斯匹靈兩片，就寢。

## 10 月 23 日

第三屆國民參政會第一次大會，昨日上午九時在陪都重慶舉行開會式，蔣委員長致訓詞，特別着重振作社會風氣，動員人力物力，與抑平物價，並謂奸商有如毒菌，政府決嚴厲處置。

晨六時赴南車站送李子韶委員，因候晤趙宜齋委員未起程。

## 10月24日

昨夜大風，天氣驟寒，感冒仍未愈。

電于院長報告抵桂。

## 10月25日

本日書寄重慶、洋縣、西安函，共八件。

## 10月26日

陳雄夫監察使、趙宜齋、梅佛光兩委員來訪，將赴渝開會，道經桂林，六時白鵬飛委員約晚餐。

## 10月27日

李子韶委員起程赴閩，參加監察院巡一團工作。

讀美人史圖爾特所著蘇聯工業化紀要一文，謂蘇聯能有今日工業建設的成就，有以下六種原因：

（一）設計機關的建立，

（二）各次五年計劃給與每個工業單和個人以明確的目標，

（三）能利用外國的優良技術知識，

（四）訓練工程師、技師和精工的教育發達，

（五）史達林一九三一年宣言重新規定各項工作人員的報酬和把權力與責任打成一片，

（六）史丹哈諾夫運動。（見桂林大公報記載）

上午十時往遊朝陽洞，距寓所附近觀音山約五里。

## 10月28日

美總統所派私人代表威爾基訪問蘇聯、中國及中東返國後，近在美國廣播，主應在歐洲開闢第二戰場，並應積極援華，且認印度問題非英國一國之問題，乃聯合國之問題，頗得各方贊許。

## 10月29日

昨夜三時後，桂林幾次遭空襲，黎明時敵機曾在桂林市附近投彈，損失尚不明。

## 10月30日

閱四書反身錄，謂程明道、薛敬軒、吳康齋、謝上蔡均能不斷在性情上用功，戒怒、懲忿、去矜，此方是學，此方是好學。二曲此段言論，可發人深省也。又謂論士於今日，勿先言才，且先言守，蓋有恥方有守也，亦切合今之時弊。

## 10月31日

昨夜又有空襲，我機曾起飛截擊。

## 11月1日

第三屆國民參政會第一次大會昨日閉幕，前後共開大會十一次，為時十日。

整日大風進城未果，因感冒尚未痊愈也。

## 11月2日

上午八時有空襲警報，敵機四十架由廣東竄入桂境，戰鬥機十二架、轟炸機十二架，並竄入桂林市上空，與我機有激烈空戰。據事後聞二架被擊落，一架被擊傷，十一時後解除警報。下午進城購何名忠君近著三民主義科學研究法一冊，晚在新華劇院看政治部戲劇第四隊演「蛻變」。

## 11月3日

上午六時返寓，接王三剛函一件，五月廿四日發，在寧國河瀝溪皖南宣寧塩務支局任職。（倉儲組組長）

## 11月4日

天氣忽暖，恐不雨即有風。

## 11月5日

上午九時往訪白鵬飛委員。

閱本日桂林大公報對改進地方政制有幾點意見，余認為尚切要：

（一）地方政制依據國父遺教採取二級制已無疑義，自新縣制實行及財政系統改革後，省的地位實

質上有了變化，應予以明白的確定；

（二）中央機關在各地設置直隸機關，自成系統，指揮上非無不便，但往往事權混雜重複，不但影響制度之完整，在行政效率上亦未必能如期收效，宜斟酌調整；

（三）行政專員應就實際上需要以定存廢，至其應有職權亦當斟酌改定，以符為省政府輔助機關之原意；

（四）縣政府上司過多，宜將上級機構加以合理的調整，避免政出多門。

除以上數點外，並贊成主張縣政府實行「幕僚長制」，提高縣政府秘書的地位，總攬縣府事務，俾縣長可以分身應付政務之設計及執行。

最近于斌主教在洛陽國際問題座談會上，主張此次戰後對國家主權絕對獨立說應改正為相對說。

今日報載顧維鈞在重慶中國國聯同志會席上講戰後和平問題，提出三項意見：

（一）世人對國家主權觀念應加改正，國家主權與世界人類共同幸福，及集體安全有衝突時，則以後者為重；（此與于氏主張相同）

（二）世人對地理上距離之觀念應予破除，四海之內皆兄弟也，凡秦人視越人之觀念，應澈底放棄；

（三）將來國際組織必具有執行之武力，如國際空軍等即其一項所主張，及于斌主教所主張，與已往講國家主權觀念不同，亦可謂經此次戰爭在國家學說上與思想上又一變遷也。

## 11 月 6 日

　　報載開羅消息，英第八軍在埃及西沙漠大捷，正追擊敵軍，聞已俘敵九千。

　　又報載明建文帝在廣西貴縣南山寺為僧後，詩云：

牢落西南四十秋，蕭蕭白髮已盈頭，

乾坤有恨家何在，江漢無情水自流，

長樂宮中雲氣散，朝元閣上雨聲愁，

新蒲細柳年年綠，野老吞聲哭未休。

　　案此詩確否待考，因建文帝之避國出亡，歷來成為疑案也。

## 11 月 7 日

　　本日軍訊，北非軸心軍有總崩潰的趨勢，馬達加斯加島法軍已投降，英、法成立停戰協定，此均為盟軍之好消息，因影響將來戰局甚大也。

　　本日為蘇聯十月革命二十五週年紀念日，史達林發表演說，仍呼籲開闢第二戰場。

## 11 月 8 日

　　軍訊，義軍四萬在北非被俘。

　　頃閱何名忠君所著三民主義的科學研究法，根據中山先生遺教認定三民哲學之基礎為民生，並謂中國數千年來研究學問的方法是一種唯生辯証法（合心與物而言，異於黑格爾之唯心派，亦異於馬克司之唯物派），

舉易經「生生之謂易」以為証，所見均甚切當，蓋易經
之所謂易，本為變易之義，即窮則變，變則通，通則
久，社會因此始有進步，人類生命與社會生命方能繼續
永久，故「易」字內本含有「革命」的意義，即革去舊
生命，創造新生命也。（余嘗謂中國共產黨，因其不明
我國哲學與違反我國歷史精神，故其認識與方法均錯
誤，此其所以終必失敗也。）

　　王寵惠先生最近在重慶政治學會年會中演說，畧
謂聯合國永久勝利，在於戰後確立集體安全制度，其
形式：

（一）聯合會式，如國聯是；

（二）聯邦式，例如美國式聯邦制度；

（三）世界國家式，即大同世界。

　　（二）（三）兩種萬一不易作到，則最低限度，應
于（一）（二）兩者之間，儘量加強聯合會式，擴大其
職權，嚴密其組織，其要點如下：

（1）和約與集體安定公約應完全分開，並應由兩個
　　　會議分別訂定；

（2）公認種族平等之原則；

（3）全體一致通過之規定，必須放棄，即各國主權
　　　應受相當限制；

（4）國際間一切武力皆屬非法，應禁止使用，實行
　　　自衛為僅有之例外；

（5）國際爭議應用和平方法解決；

（6）侵略之定義應明白詳細規定；

（7）國際警察應設置；

（8） 各國軍備以足供自衛之程度為標準；

（9） 道義軍縮應設法推行；

（10） 經濟合作應為國際全體及區域組織之主要任務；

（11） 和平變更之具體辦法應明白規定；

（12） 委任統治地應由國際治理；

（13） 在集體安全之全體組織下得分別成立區域組織
至少應有下列三個：

　（甲）歐洲與大西洋，

　（乙）西半球，

　（丙）東亞與太平洋；

（14） 集體安全制度本身外現有之機關如勞工局應改
國際社會福利局，增加其職權，國際法庭應擴
充其職權等語。


## 11 月 9 日

美軍於昨日上午七時許在法屬北非阿蘭與阿爾及爾
等處登陸，美國官方宣佈已開闢第二戰場，按此後有英
海空軍協助。

本日十二時許，有敵機八架襲桂林，與我機在空中
發生激戰。

接制五信，告寶有調回監察院消息。[24]

---

24 制五為王制五，時任監察院湘鄂區監察使署秘書；告寶為苗培成，
字告寶，時任監察院湘鄂區監察使。

## 11 月 10 日

本日重閱四書反身錄（論語）卷三、卷四完。

## 11 月 11 日

英議會訪華代表團團長艾爾文，團員泰弗亞、勞森等十日上午由滇飛抵渝，人數雖不多，但係英國三大政黨代表。英為民主國，議會操最高權力，故該團不僅可以代表英國政府，並可以代表英國全體國民，此來對兩國將來之友誼上必奠立一良好之基礎。

北非美軍進展順利，向突尼斯前進。

## 11 月 12 日

上午七時有空襲警報，敵機分四批來擾，並與我機發生空戰，歷一小時，十一時解除。

北非於昨日晨美、法兩軍全部停戰，美軍開入卡薩布蘭卡，土倫法艦隊有加入聯合國可能。

## 11 月 13 日

四書反身錄論語部分重閱完畢。

德義軍佔領法國全部。

五屆十中全會昨日在陪都開幕。

## 11 月 14 日

接西笙函，仇紹樓先生於本月一日病故重慶，殊可傷悼。余與仇先生五載契闊，竟再不能一面，尤不勝惻惻耳。因賦詩一章悼之，詩云：

干戈流浪際，契闊黯傷神，豈意經年別，竟成隔世身，
文章鄉國著，節義窮途真，他日中興頌，華篇少一人。

## 11 月 15 日

昨夜大風天氣轉寒。

讀杜詩五律若干首。

## 11 月 16 日

大風未停，氣候更寒。

報載邵力子先生在重慶中蘇文化協會演說，謂俄國
農民伊凡蘇撤寧曾故引波蘭軍隊走入森林而保莫斯科之
故事，與我國「八一三」之役張（胡？）阿毛駕駛汽車
滿載敵軍與軍火，加足馬力，直奔黃埔江中，與敵軍
同歸於盡之精神相同，中蘇兩國能支持抗戰，其故正在
此。又謂南斯拉夫公使曾對其表示，反對以專家（即軍
事專家）眼光觀察現代戰爭，主張用政治眼光論現代戰
爭，因專家只根據數字及統計圖表以推斷戰局，而忽畧
革命精神也。（即政治的）余按中日與蘇德之戰爭，可
以如是觀察。

## 11 月 17 日

覆閱四書反身錄完。

英國赫胥黎教授近在美國發表演說，大意謂現在世
界各方面均在革命中，此次大戰之動因亦在此，如今世
界兩大堡壘即軸心國與同盟國，軸心國所持者為極權主
義，是一種使用暴力和壓迫的方法，權力是目的，武

力是手段，自視為上帝選民，為統治民族，為國際指導
者，將其他民族為其統治下之奴隸，在國內亦不許人民
有言論思想之自由，所以他雖亦有優點，能產生高度的
效率，但因其逆革命潮流，憑藉暴力，愈擴展愈遭抵
抗，纔會把自己推入陷阱，趨於崩潰的。同盟國所持者
為民主主義，不過在今後的民主主義，不止是代議制度
的政府，代議政府是民主在政治方面的表現，必須擴展
到經濟、社會和生活各方面去，方為完全，在真正的民
主下，每一個人生下來就有他的健康、能力、智慧、享
受、自由興趣等權利，所以衡量民主的尺碼，是人類個
體需要的滿足，和對各種活動積極自由的參加。他又指
出現在國際有兩種趨勢，一是醞釀較高度的國際組織，
二是各國對落後區域的人力物力作有組織的開發。最後
結論謂最根本的觀點，不是國家或其權利財富或最大利
潤，甚至不是科學、文學、藝術團體的文化成就，而是
個人幸福和充分發展，包括大量的自由，發展的機會均
等和高度的合作。

## 11 月 18 日

所羅門群島大海戰，日寇又慘敗，被擊沉艦隻共
二十三艘，企圖重佔瓜島之計劃，又被粉碎。

電于院長報告工作近況。

## 11 月 19 日

威爾基十七日在紐約發表演說，謂「真正之自由，
必有賴於經濟國際主義之實施」，主張「吾人今日必須

努力使所有聯合國家與戰後之全世界，能獲得其經濟發展所必需之原料」。威氏此種主張，確有遠見，蓋必須政治經濟兼顧，方能實現真正自由平等，所謂「民族獨立，經濟互助」之原則是也。

## 11 月 20 日

有風，天仍寒，讀杜詩若干首，答覆友人函數件。

## 11 月 21 日

接岫嵐函，[25] 時齋自四月迄今，仍在渝賦閒，頗苦悶。

北非盟軍迫近突尼斯、比塞大不遠，將有大激戰。

## 11 月 22 日

應監察使署張天馬君邀赴象鼻山、穿山一帶游覽，乘舟而往，並參觀漢民中學及中央資源委員會所辦之電器材工廠，下午八時返寓。

## 11 月 23 日

晨一時半，敵機三架乘月夜侵襲桂林，我機聞訊升空警戒，與敵機遭遇後發生猛烈空戰。余披衣起視，眼見一機起火焚燒落於南方，天明閱報，知敵機一架被擊落。

晚讀杜詩。

---

25 張岫嵐，山西定襄人，胡伯岳先生任職中國國民黨山西省黨部時同事。

## 11 月 24 日

晨七時有空襲警報。

桂市昨晨空戰，查明擊落敵機兩架，一落臨桂，一落陽朔。

接父親函，洋縣物價又大漲。

蘇軍在史達林格勒兩路反攻大捷，德軍死亡與被俘共四萬餘。

## 11 月 25 日

蘇軍擴大戰果，俘獲德兵三師。

北非戰局緊張，晚讀杜詩。

## 11 月 26 日

十中全會昨通過加強戰時財政案，調節支出以防止通貨膨脹，募債方法應力求公平普遍。按日前大公報主張強迫向達官富商派大額債款，確為一公允辦法，不知政府能否採納耳。

上午九時許，有敵機三架來襲，我機升空警戒，未發生空戰，當係敵機未近市空。

監委熊育錫十九日病故江西寧都，享年七十四。

## 11 月 27 日

十中全會今日閉幕。

盟機三十六架上午九時由桂林出發遠征，市民均鼓掌歡呼，情極熱烈。

莫斯科訊，史達林格勒已解圍。

## 11 月 28 日

德軍於二十六夜侵佔法國土倫軍港，該港停泊法艦數十艘均自行炸沉，希特烈欲利用法艦企圖，又次失敗，而此一幕悲壯的舉動，亦可以表示法海軍寧為玉碎不為瓦全的犧牲精神，是以鼓勵法國人民奮起，作積極之抵抗，故此事對此次大戰當然發生影響不小也。

## 11 月 29 日

下午進城購雜誌數冊。

## 11 月 30 日

閱文化雜誌錢實甫論「正統思想」，大意謂正統思想，乃為西漢以後至明、清兩千餘年間學者所主張，亦即宋儒道統之變名詞。惟就我國歷史言，此兩千餘年為我國文化之不進步時期，故孫中山先生所主張恢復的是兩漢以前固有文化的精華而非正統思想，以中山先生嘗云「就人類進化的道理說，舊思想總是妨礙進步的，總是束縛人羣的，我們要求人羣自由，打破進步的障礙，所以不能不打破舊思想」。又云，「余之謀中國革命其所持主義，有因襲吾國固有之思想者，有規撫歐洲之學說事蹟者，有為吾所獨見而創獲者」。可知中山先生的思想是綜合中外古今學理而取其精華，並有新的發明創造，絕不是完全因襲與模倣的，錢君此論，大抵因見有人研究總理遺教認其思想係承受我國之正統思想者而發。

## 12月1日

下午一時有空襲警報，聞有敵機九架，未至桂林市空。

據半月文萃載，印度甘地被捕入獄，此次係第八次，今年已七十四，尼赫魯前後入獄亦為八次，今年五十三歲，兩人皆印度獨立運動之領導者。

## 12月2日

本日大風，天氣轉冷。

## 12月3日

接四弟函，平中董事會上月廿七日在重慶開會，[26] 曾代表出席，又謂于先生曾向十中全會堅決辭職，未邀准。

## 12月4日

關蘊中委員由重慶來，本日上午來訪。[27]

日敵第六次在新幾內亞增援又失敗，所羅門島附近三十日晚海戰，日敵艦船又被擊沉九艘，係增援部隊之護航隊。

下午進城訪關蘊中，並購雜誌一冊。

---

26 「平中」為山西太原平民中學之簡稱，山西在北京的大專畢業生六十餘人於 1922 年發起創立，由於該校教師多為中國國民黨黨員，山西境內，外界多將該校與中國國民黨劃上等號。見苗培成，《往事紀實》（臺北：正中書局，1979），頁 31-32。

27 關蘊中，名福安，吉林人，晉綏軍將領。

## 12 月 5 日

德軍在蘇聯與北非均轉採攻勢。

接梁次楣函，仍居重慶。

## 12 月 6 日

下午一時許，有空襲警報，敵機多架侵入桂林市空。

## 12 月 7 日

本日為太平洋戰事爆發一週年紀念日，美海軍部發表珍珠港被襲擊情形，當時損失頗重，惟與美一年來之生產情形相較，則所損失者又微乎其微矣。且因此一擊而動怒全美人民，均起而思仇，則日寇雖一時取得小利，塞翁失馬，禍福正未有一定也。

晨起飛霰，天氣頗寒。

## 12 月 8 日

上午十一時敵機多架又來擾，未投彈。

黃委員由貴陽來。

余近數日胃疾又發，頗痛苦，原因非一，惟節飲食乃惟一治療之良方也。

## 12 月 9 日

行政院最近通令各省，裁撤不重要機關，以省糜費，惟效果如何，要視各省能否認真執行耳。

天氣冷寒有風。

## 12 月 10 日

午，天晴。

報載：

1. 日寇五次增援新幾內亞均失敗，其勢窮蹙；
2. 蘇聯方面中南路均獲進展；
3. 英空軍又猛炸義國都靈。

## 12 月 11 日

接德卿由漢中來函，相文失學，甚氣憤。[28]

下午與關蘊中委員進城訪友，在書肆購書數種。

英議會訪華團昨日由昆明乘機返國。

## 12 月 12 日

昨夜甚寒。

報載敵在滇西分三進犯，我軍正與激戰。

接寶珊函，上饒縣城經敵竄擾，已成瓦礫場。

## 12 月 13 日

軍訊，突尼西亞激戰又起。

閱國文雜誌一、三兩冊，內容尚好，可作中學生參考書，擬為紹文、相文訂購一份。[29]

---

28 相文為胡伯岳先生三子。

29 紹文為胡伯岳先生三弟之子。

## 12月14日

晴，氣候轉暖。下午有空襲警報，敵機一架在桂林上空偵察。

## 12月15日

晴，上午兩次空襲，第二次敵機十餘架，竄入市空投彈後逸去。

里比亞英第八軍又捷，攻克艾爾阿吉拉，德軍向西撤退。

近購五種遺規一冊，字小印刷又壞，頗費目力。

## 12月16日

下午進城購文學創作、國文雜誌各一冊。

## 12月17日

接表弟李居仁函，日前由贛縣赴建甌，行至距永安八里處，觸石覆舟，墜入河中，乘客頗有傷亡，渠以能泅水幸得脫險。

接丹一函，現任河南閿鄉直接稅查征所主任，已到差。

## 12月18日

陰，有風，氣候轉寒。

報載重慶訊，加強管制物價案，明年一月十五日實施，各重要市場之物價、運價、工資均在管制之列，其價格以本年十一月底之各市場原有價格作評定標準。

## 12 月 19 日

陰，微雨。

為四弟寄去商務印書館影印蘭亭一冊。

北非艾爾阿吉拉西六十哩德軍被截斷，一部陷入重圍。

蘇聯戰場，中路蘇軍迫近斯模稜斯克。

據某報載，英、美兩國婦女參加戰時工作或工業的，在英國將達二百萬人，軍火製造工廠，婦女約佔工人總額百分之八十，製造飛機工廠，婦女約佔工人全額百分之四十；在美國約有五十萬人，輕軍器製造工廠百分之三十以上工人是婦女，裝置槍砲彈和炸彈工廠百分之三十三到四十二之工人是婦女，飛機裝造廠有百分之二的工人是婦女。

## 12 月 20 日

昨夜小雨。

印度訊，英軍於十八日開始向緬甸反攻。

## 12 月 21 日

陰雨，閱國文雜誌第一卷第二冊完。

## 12 月 22 日

陰雨，蘇聯軍隊又有兩路在頓河中區進攻，獲輝煌戰果，德義軍被殲及被俘在四萬以上。

## 12月23日

昨夜雨，給紹文、相文寄小說選一冊。

## 12月24日

昨夜又雨。

接父親函，丹一於十二月五日赴閩鄉任事。

下午閱五種遺規第四卷。

## 12月25日

軍訊，頓河中部蘇軍窮追敗敵，俘獲與擊斃者共約二萬餘。

美軍開抵法屬西非達哈爾。

## 12月26日

陰雨。報載達爾朗昨日下午被刺殞命，北非法政府暫由吉羅德將軍負責維持，刺客為一法人，內情尚不悉。

## 12月27日

接軍委會電，第六戰區（湖北一部分）劃歸軍風紀第四巡察團巡察，因此第四團共轄四個戰區，即第四、六、七、九是也，區域為兩廣、兩湖及江西西部（贛江以西）。

## 12月28日

又陰雨，吉羅德繼達爾朗任北非高級委員，即北非

之最高行政領袖。（為北非法帝國會議所推選）

　　接李時富函，將赴西安。

　　赫爾宣稱：非洲局勢最重要之點，即為同盟國與軸心國為控制非洲大陸與地中海而進行之戰爭。（接吉羅德曾任法軍西線將領，後為德軍所俘，囚於集中營，今夏乘機逃回法國，潛至北非。）

　　報載蘇軍攻勢續有進展，十日來共俘敵五萬六千。

## 12 月 29 日

　　雨未止。接張策安先生來函，黔中所產銀耳，以平舟野生為最佳，其效力大於遵義人工製者數倍。（函自獨山發）

## 12 月 30 日

　　晴，樂委員景濤由重慶飛抵桂。

　　日本第八十一屆議會，已於二十六日正式開會，桂林大公報社評云：「在軍閥獨裁下議會，已不啻告朔之餼羊……日本第一次議會，召集於一八九〇年十一月二十五日，根據日本憲法，議會權限本小的可憐，第一對修正憲法無發言權，因日本是硬性的欽定憲法；第二關於皇室的事情，不許議論，皇室採用自律主義；第三眾議院無權修改貴族院的組織法；第四議會無權過問宣戰、媾和及締訂條約；第五關於編制陸海軍，決定常備兵額及軍之統帥，議會不得干與（憲法第十一條規定天皇統帥陸海軍，第十二條規定天皇編制陸海軍決定常備兵額）；第六關於預算案的審議權亦有名無實（憲法第

六十五條載預算須事前提出眾議院，但第七十一條又云，若預算在議會不成立，政府可照上年度之預算施行）。有人批評（尾崎行雄）日本是立憲專制國，雖有憲法有議會，但民意不能暢達於政治上層。……」

敵寇又在鄂、皖竄擾大別山脈，數日來正猛烈激戰。

法屬索馬利蘭投降戰鬥法國，英法軍已開入吉布的。

## 12月31日

本日為民國三十一年最末一日，回顧一年中，在上半年英、美、荷在太平洋戰事不利，使日寇氣燄高張，勢甚猖獗，其後因中途島、珊瑚海、梭羅門島，同盟國連捷，頹勢漸獲挽回，迄馬達加斯加島為英軍佔領，北非戰場開闢，阿爾及爾、達喀爾、法屬索馬蘭先後加入同盟國，與蘇聯保衛史達林格勒，造成歷史上奇蹟，故在今年年終，同盟國逐漸由劣勢而轉入優勢矣。溯其原因，固由同盟國家，團結日見堅固，而戰時軍需生產之猛進，確為同盟國家在一九四二年之一大成就，而為轉入優勢之良因也。

# 民國三十二年（1943年）

## 1月1日

晴，上午九時，軍風紀第四巡察團同人舉行團拜，因石主任委員未到，[30] 臨時推樂委員景濤為主席。

國民政府明令褒揚忠勇殉職將領張自忠等入祀首都忠烈祠，亡友陸軍第九十八軍軍長武士敏亦與焉。

蔣委員長發表告全國榮譽軍人書，謂今年為同盟軍勝利之開始，亦為我收復山河之時機。

## 1月2日

上午與樂委員往訪楊千里先生，相偕至某北平菜館一嘗故都風味。[31]

## 1月3日

陰，有風，本日大公報載有一篇論文，紀念英國數學家兼物理學家牛頓誕生三百週年（一六四二年十二月二十五日生於蘇格蘭之林肯縣）。說他一生有五種發明，即：

1. 力學運動之定律，
2. 萬有引力定律，
3. 微積分學，

---

30 石敬亭，字筱山，陸軍上將，1941 年 8 月任軍風紀巡察團第四團主任委員。

31 楊天驥，號千里，擅長篆刻書法，曾於 1933-1935 年任國民政府監察院監察委員。

4. 返光望遠鏡（折光望遠鏡是格利雷所發明），

5. 分光儀。

考牛頓初生時即喪父，三歲時其母改適，賴其外祖母撫養，方能成立，幼時在游戲上已表現機械的技巧與研究興趣，曾自製風箏、風車、滴漏日晷等玩具，有一次暴風大作，一人在狂風中奔走，以估計風力之大小。

# 1月4日

昨夜大風，氣候驟寒。

軍訊，大隊英艦離直布羅陀東駛，地中海醞釀新局勢。

上午十時許，桂林有空襲警報，敵機十餘架侵入市空投彈後逸去，一日江西贛縣，二日福建永安，均經敵機多架投彈肆擾。

# 1月5日

下午一時，石主任委員由重慶飛抵桂林，巡察團同人往接，在機場遇梅佛光委員亦同來，將轉往福建。據云監察院巡二團已結束，巡一團亦擬本年結束。

# 1月6日

陰，有風，氣候轉寒。

同盟國十七國與戰鬥法國，五日發表聯合宣言，決心一致反對敵在淪陷區掠奪權益（包括各種產業、工廠、物資、鈔票、商業股份等），聲明此等行為無效，如經敵人變賣或掠奪，將來敵人擊退，仍為原主所復

有，我國建議於上項宣告無效之下又加以但書，文曰：
「但此項宣言，並不解除敵國政府對於強取掠奪上項財
產權益所應負之賠償責任」，經一致議決，記入會議
事錄。

## 1月7日

立煌縣城二日深夜被敵侵入，我軍與敵在城郊激戰。

蘇軍續克那爾契克（高加索部），高加索德軍交通
線切斷。

## 1月8日

下午軍巡團開座談會，交換對各團過去工作之意
見，決定將來工作之方針。參加者石主任委員，樂、
關、黃、陳四委員，李主任幹事及余共七人，擬將巡察
區域劃分為四區：
（1）廣西（第四戰區），
（2）湖南（第九戰區），
（3）廣東（第七戰區），
（4）湖北（第六戰區）。

最近先到長沙、曲江、柳州巡視一次，並對內部職
務之分配亦有概略決定。

美國會開幕，羅斯福致重要演詞，謂今年同盟軍將
向柏林、羅馬、東京進攻，在此次大戰後，必須解除德
國、義大利及日本之武裝，消滅其戰鬥力。羅氏並重申
其四種自由，即言論自由、信仰自由、願望自由、安居
自由。

## 1月9日

軍訊，我軍於七日克復立煌，敵向西北急竄。

下午又開座談會，決定對桂林先作一次概略視察。

## 1月10日

晴，天氣和暖，有春意。午後偕樂、關、黃、李諸友再遊朝陽洞。

南京偽組織九日向英、美宣戰，誠一幕滑稽劇也。

## 1月11日

上午九時紀念週，石主任委員報告，講對己對人對事對物之道，大意謂：對己要嚴，要重，要正，要有恒；對人要和，要平，要恕，要容；對事要敬，要敏，要慎審，要確；對物要管理有方，整理得宜，修理有法，處理得當。語簡而要。

終日大風，屋瓦橫飛，為向所未見。

## 1月12日

昨夜風仍未止，氣候轉寒，晨見冰。

上午八時，與黃、關兩委員進城，視察桂林市政府、臨桂縣政府。

閱報載，中美、中英訂立平等互惠新約，昨日同時分別在重慶、華盛頓簽字（中英新約關於九龍租借地保留將來討論），我外交史揭開新頁。

連日電訊，自六日起至九日，西南太平洋展開護航戰，倭寇又集中大批艦隊於新幾內亞與瓜達康納爾之

間，美空軍大舉出擊，三日中，倭機被擊毀一百三十餘架，運輸艦被傷沉者七艘。

## 1月13日

蔣委員長為中美英新約剴切昭告全國軍民，大意謂「要自立纔可以獨立，要自強纔可以自由，今後責任加重，不得矜驕自慢，中國命運，須決定於今日，全國應急起直追奮鬥自強，並應自重自愛敦睦友邦」。

桂林市北門外昨日大火，被焚毀房屋達五百餘戶，鐵工廠十餘家，盡付一炬。余於本日下午親往災區巡視，查明災民無家可歸者有二千餘人，厥狀至慘。

## 1月14日

原擬今日再進城視察，因有他事，未果。

## 1月15日

限制物價，桂林市遵令今日起實施，先以油、塩、柴、米、棉花、棉布、棉紗、紙張八種為限，經過情形尚好。

## 1月16日

晴，氣候轉暖。午餐後，與關、黃兩委員視察警察局、地方法院及所屬之拘留所、看守所，刑犯以賭博與竊盜為多。

南路蘇軍又有進展，前鋒距羅斯多夫城僅六哩。

## 1月17日

報載在史城被困之德軍，拒絕投降，蘇軍於十日又發動總攻，德軍死傷與被俘者約七萬。

同鄉王孟昭君來訪。

## 1月18日

上午九時紀念週，石主任委員報告。

十時開第一次委員會，下午與關委員視察榮譽軍人管理處。

## 1月19日

接范委員爭波電話，由渝來桂，住北門外中國動力工廠。

午十二時，劉侯武監察使約午餐，同席有楊千里先生。

英空軍十六、十七兩日大舉轟炸柏林，由此可以看出英、德軍力之消長。

英非洲軍又發動攻勢。

## 1月20日

報載蘇德軍經七日之戰，北路列甯格勒已告解圍，南路蘇軍收復卡門斯克。列甯格勒被圍已十六月，卡門斯克為羅斯多夫外圍之重要據點，通高加索之交通要道，此又為蘇軍之一大勝利。

## 1月21日

南美智利於昨日正式對德、義、日軸心國斷絕國交，此舉與伊拉克目前宣布對軸心宣戰，均具有特殊意義，蓋伊拉克為回教國家，首先揭明對軸心態度，而智利加入盟國，對太平洋局勢尤有影響也。

## 1月22日

早飯後與石主任委員、關委員同進城，巡視市面情況。

## 1月23日

范爭波委員來訪。

報載二月來，德軍在蘇聯戰場傷亡與被俘在七十萬以上。

北非英軍迫近的黎波里，城內發生大火，軸心軍西撤。

## 1月24日

軍政部駐桂辦事處主任涂思宗約午餐，午後往北門外中國動力工廠訪范爭波、唐仲明兩先生。

北非英第八軍佔領的黎波里。

## 1月25日

上午九時紀念週，關委員報告。

十時開第二次常會，決議農曆年後第一次集團巡察，然後分組巡察，第一組駐桂林，第二組駐曲江，第

三駐衡陽，第四駐恩施。

## 1月26日

上午訪劉監察使，並在使署午餐。

## 1月27日

雨，接趙宜齋、薛丹一兩先生函，趙因病尚在涪陵，並謂郝季謙已與符節離婚。

## 1月28日

陰雨，氣候轉寒。

本日有兩重要消息：

（1）史達林格勒被圍之德軍已漸清；

（2）羅斯福、邱吉爾及重要軍官並參謀人員，自十四日起在法屬西非摩洛哥之卡薩布蘭加開軍事會議，已於廿四日結束，其內容要點：

    （1）一九四三年總攻計劃，已獲得完全妥協，將擇最佳地點，打擊敵人；

    （2）德、義與日本必須無條件的投降，故可稱為無條件投降之會議；

    （3）對協助中國之步驟亦有一致之決定，並詳細通知蔣委員長；

    （4）開闢另一戰場，打擊敵人，以減輕蘇聯負擔；

    （5）戴高樂與吉羅德兩人亦在此處會晤，宣布獲得妥協，俾團結法國內部，爭取法蘭西民族自由。

（按此為羅、邱之第四次會晤，第一次在一九四一年八月初旬，時美國尚未加入作戰；第二次在一九四一年十二月下旬，時在太平洋戰事爆發後；第三次在一九四二年六月下旬，時德軍進攻蘇聯正急，係商援蘇與開闢第二戰場問題。）

## 1 月 29 日

晴。報載希特勒在東線慘敗後，已將軍事指揮權交還各將領，此舉可以証明希氏今日威望大減，對戰勝信念已搖動，更可証明德軍將領對希氏已不信賴。

## 1 月 30 日

陰，上午與關、黃兩委員再往視察桂林市各機關，因雨僅視察憲兵第五團團部而返。

## 1 月 31 日

上午八時軍巡團開座談會，研討整理內部各事項。

目前見某君贈第四戰區長官司令張發奎將軍詩一章，茲錄於下：

倭奴驚哭國人笑，長勝將軍猶未老，
淞滬當年頌戰功，南天此日載仁道，
深謀遠算制機先，惜士愛民倡導早，
勒馬何時鴨綠江，引觴一擲乾坤小。

頗可誦。

## 2月1日

上午九時舉行總理紀念週與國民月會，石主任委員出席報告。

## 2月2日

接青葉函，岳父又病，心甚繫念。

## 2月3日

連日陰雨，氣候轉寒，本日有晴意，下午進城，發去給青葉函一件。

報載英首相邱吉爾訪問土耳其，與土總統伊諾魯、總理薩拉茹格魯，卅及卅一日在土南部阿達那舉行會議，成立協定。英、美將以物資援土，加強國防，此為同盟國在外交上又一勝利，從此歐洲至近東之一缺口，可望封鎖。

史達林格勒被圍之德軍至昨止，完全肅清，其死傷與被俘前後共約三十三萬人。

## 2月4日

各省市於明日起三日內慶祝中美、中英平等新約之成立，余曾代石筱山主任委員擬一祝詞，文曰：

> 溯自國勢陵夷，中華痛史連編，
> 國民革命戰士，奮起一往無前，
> 誓雪百年恥辱，解除民族鎖鏈，
> 三民主義光芒，於今如日中天，

正義終不泯沒，和平已露其端，

聯合世界盟友，重寫歷史新篇。

軍訊所羅門羣島方面，又有海戰，詳情尚不悉。

## 2月5日

本日為舊曆正月元旦，晨起，各處爆竹聲不絕於耳。上午訪劉侯武監察使，座中遇西醫曾君，談肉類以牛肉、雞肉為易消化（四小時至六小時），其次為猪肉，約需十小時，惟狗肉消化最難，須十六小時至廿四小時，故食狗肉每患腸胃出血症，至險也。下午進城赴王聞佛晚宴。范爭波委員來訪，未晤。

本日子時立春，日全蝕，我國東北部可見偏蝕。

## 2月6日

午餐後與關蘊中委員進城訪吳耀三先生。

昨夜大風，本日竟日未息。

## 2月7日

大風仍未息，氣候轉寒，見冰。

## 2月8日

下午與關委員進城，遇警報。本日敵機兩批來襲，先廿五架，後四十一架，在飛機場、北車站及市區投彈，數處起火，損失尚未詳。

蕭萱委員由重慶隨虛雲法師來桂林，寓月牙山寺

內，下午相遇於劉監察使處。

本日上午因空襲，紀念週未舉行。

## 2月9日

上午與陳敬恆委員往訪范爭波委員，途中遇警報。

## 2月10日

午前赴月牙山訪蕭萱委員，未遇，午後與石主任委員又往聽虛雲法師講經，因時間改至五時（原定二時），隨即回團。

## 2月11日

日敵由所羅門羣島之瓜島撤退。

報載印度甘地（絕食三星期）在獄絕食（此為第六次）（甘地在絕食期間僅進果汁與清水），有被釋訊。

上午十時敵機九架又襲桂林，投彈後逸去。

下午五時往月牙山，聽虛雲法師講法華經，八時返寓。虛雲年九十五歲，精神尚健也。本日所講者為三戒，即戒貪、戒瞋、戒癡，法師湖南人，滿口湘語，未能全了解耳。

## 2月12日

晴。午，陳委員約許太太作天台麥餅，食甚美。

下午五時再往聽虛雲法師講法華經。

## 2月13日

陰，午飯後，往訪蕭萱委員於月牙山。接李子韶委員由福州來函，擬本月內來桂赴重慶，內附楊煜一信，知已回澧縣。

## 2月14日

報載中、英、美三方軍事代表在印度近開會議，中國參加者為何應欽，此當與反攻有關。

羅斯福在十二日林肯誕晨發表演說，謂今年內將在中國及日本上空日寇發動反攻，並謂決作戰到底，進軍柏林、羅馬、東京作勝利之遊行，其對歐亞兩洲戰場同等重視，可以概見。

## 2月15日

上午紀念週，余報告中、美、英重訂新約，與國民黨奮鬥之經過情形。

蘇聯軍克復羅斯多夫，此為第二次，高加索戰事不久可望告一段落，德軍退路被截斷，恐將再有若十萬被殲。

本月五日，邱吉爾代表狄爾上將、羅斯福代表安諾德中將飛抵重慶，與蔣委員長開軍事會議。七日，兩人又與何應欽部長同飛印度，同盟國輿論認狄、安兩氏均曾參加卡港會議，故重慶會議可認為係卡港會議之連續，當與遠東戰局有關，均極重視。

## 2 月 16 日

范爭波委員原擬本日赴重慶，因乘機人過多，改下一班。

午飯後與石主任、關委員進城，下午在七星巖晚餐。

## 2 月 17 日

接四弟信，崇文病，索求三千圓。[32]

蘇聯軍克復卡爾科夫，該城為蘇聯之第三大城市，烏克蘭之首府，淪陷已年餘。

## 2 月 18 日

敵在雷州半島登陸，粵南局勢突緊張。

應湯仲明、[33] 成舍我、[34] 范爭波、徐芳田[35] 諸先生約，下午六時在金城銀行晚餐。

在書肆購文學創作一冊。

## 2 月 19 日

本日為舊曆燈節，又為新生活運動第九週年紀念日，

---

32 崇文為胡伯岳先生次子。

33 湯仲明，科學家，曾發明不用汽油的木炭汽車，抗戰期間在桂林創辦「中國動力製造廠」，生產仲明動力機，產品遠銷國內各省，取代了國外進口的同類產品在國內的壟斷地位。

34 成舍我，報人，曾創辦《世界日報》、《立報》等，及北平世界新聞專科學校。1942 年，成氏避居桂林，並創辦「世界新聞專科學校」，收容流亡學生，至 1944 年，桂林校舍被炸，學校停辦，遂移居重慶。

35 徐芳田，曾任國立中央大學區立通俗教育館圖書館館長、浙江民眾教育實驗學校圖書館館長、溫州師範學校校長，時任浙贛鐵路職工子弟教育委員會總幹事。

蔣委員長向全國播講，盼全國深切猛省，節儉克己。

## 2月20日

下午由桂林出發赴衡陽，道經辦公廳，訪李任潮主任，六時至北車站，七時開車。

## 2月21日

上午十時至衡陽，仍乘原車赴曲江。（路經坪石，為洪秀全練兵處，有峯名金鷄嶺，洪宣嬌曾駐此。）

## 2月22日

因火車誤點，下午三時至曲江，各旅社人滿，宿河人船中。

## 2月23日

曲江上月五日曾遭敵機轟炸，市內及黃天壩一帶房屋被燬甚多，損失甚重，至今市面尚未恢復舊觀。最近因湘贛食米來源不暢，民食日艱，糧價日高，殊可慮也。

據余長官談廣州灣登陸敵，內日寇數百，偽軍千餘，由廣州北犯敵數亦不多，仍係擾亂性質。

下午五時半，余、蔣兩長官約晚餐。

致王寬之函，現到曲江。

## 2月24日

早餐後與石主任委員，黃、關、陳各委員到黃天壩巡視，返後電于院長報告視察情形，下午五時半李主席

約晚餐。

　　本日午餐後，由長官司令部副官作嚮導，與關委員及李主任幹事登帽子峯視察要塞，並一覽韶關形勢。

## 2月25日

　　上午六時由曲江赴長沙，晚十二時抵湘潭湘江東岸，抗戰後北上鐵路止於此，其餘均破壞。

## 2月26日

　　上午七時半，乘汽輪赴長沙，十時到達，薛長官司令派車到江岸來接，寓勵志社。余第一次來長沙在廿七年十月，時尚未經大火，今日市容雖日見繁榮，但遠不能與當年相比矣。

　　下午四時，薛長官伯陵約晚餐。

## 2月27日

　　上午往市政府視察，市長王力航係余舊友，人頗精明幹練，三十一年一月一日長沙會戰正激烈時就職。又到第九戰區執行監部訪盧子英執行監，下午四時，盧約晚餐。

## 2月28日

　　上午九時偕關、黃、陳三委員到長沙城東鎮視察，並參觀壯丁抽籤。

　　電于院長報告在長沙情形。

## 3月1日

上午六時，乘輪至湘潭，文縣長集合機關學校軍警舉行國民月會，由石主任委員致詞。

## 3月2日

上午五時由湘潭乘火車赴衡陽，晚七時返桂林。

## 3月3日

上午十一時至桂林，下午至五湖旅館訪李子韶委員。

接張憲和函，張楚階先生在上饒，前在金華聞其由鎮江過江時被敵偽所俘，想係傳聞之誤。（中央前派員過江至蘇北點驗軍隊，張任主任委員。）

## 3月4日

陰雨。印度甘地絕食二十一日，已於三日上午四時屆滿，現已進餐。渠於終結絕食前，曾作禱告，並唱讚美詩。重慶大公報譽甘地以宗教式的絕食為達到政治目的的手段，可謂志行高潔，夐絕人寰，此種行徑，惟印精神能之。又謂印度為一悲劇民族，有文化史、美術史、宗教史、哲學史，但卻幾乎無政治史，……印度民族實集世界悲劇之大成，令人傷嘆，令人哀感云云。甘地以七十餘之老翁，為國家民族之獨立自由，而不惜絕食以爭，真不愧為聖雄矣。

日前石筱山主任談人生欲事業成功，應三分用智，七分用勇。此語甚是，蓋若無勇氣力行，縱有好計劃，亦無用處也，回想余已往即因缺乏勇氣，遂致一事無

成耳。

## 3月5日

雨。本月二日，同盟軍在南太平洋俾斯麥島附近痛擊日寇，船艦共二十二艘，全部覆滅，敵機五十五架被擊落，敵寇無一人得在新幾內亞島之雷艾區登陸，此為今年太平洋上同盟軍之重大勝利。

訪晤劉監察使，方悉監察院第二巡察團尚未結束。

## 3月6日

風、雨，氣候轉寒。接友人函，河南今年旱災特重，人多餓死，本日報載近已落雨，誠好清息也。

## 3月7日

李子韶委員由城內來訪，下午四時往七星岩「故都風味」館晚餐。

## 3月8日

偕石主任委員再往遊月牙山。（上午紀念週黃委員報告）

## 3月9日

電于院長報告已返桂林，並發致楊子升君函一件。午餐後與石主任委員及關、黃兩委員擬赴堯山遊覽，先至七星岩，因乘車客人擁擠，中止。

## 3月10日

上午八時與石主任委員、關委員夫婦赴堯山遊覽，適值堯山各廟會期，遊人甚多，下午三時返寓，往返約四十里。粵西鹽務管理局局長陳中嶽來訪。

## 3月11日

上午李子韶委員來訪，下午五時始去。接楊耀先函，相文已入陝西省立一中肄業，免再失學，余心稍慰。

報載德軍反攻卡爾科夫，蘇軍失利後撤，正在城西南一帶激戰。

## 3月12日

上午九時有空襲警報，白鵬飛、姚雨平兩委員由曲江到桂林，余與劉監察使往訪，姚未晤。

## 3月13日

上午九時許，敵機數架來襲桂林，因雲霧未開，盲目投彈而去。

## 3月14日

軍巡團奉軍委會令，蔣委員長手訂陣中信條八則：

1. 革命軍人要有執行命令不延片刻的習慣；
2. 革命軍人要有不達目的決不退轉的決心；
3. 革命軍人要有無敵有我有敵無我的覺悟；
4. 革命軍人要有被俘不屈可殺不辱的志氣；
5. 革命軍人要有犧牲自我援助友軍的德性；

6. 革命軍人要有保持清潔愛惜武器的素養；

7. 革命軍人要有創造自動廉潔自愛的精神；

8. 革命軍人要有篤信主義生死不二的人格。

　　李子韶委員乘早車赴金城江轉重慶，余到車站送行。

## 3 月 15 日

　　接于院長電，令赴耒陽密查某案。[36]

　　上午十二時與白鵬飛委員共約姚雨平委員在嘉陵川菜社午餐，並約劉侯武監察使、萬燦之委員相陪。

## 3 月 16 日

　　電于院長即赴耒陽。

　　于院長在重慶發各報發表論文，主將日本海易名為太平海。因就歷史上考據，此海實漢書所云之「樂浪海」，亦即清代寰瀛志略所云之「太平海」，日人以「日本海」名，隱然成為日本之內湖，此庫頁島之被割，朝鮮之所以亡，九一八戰事之所以起，云云。

## 3 月 17 日

　　偕關、黃兩委員往訪陳中嶽局長及王問佛處長。

## 3 月 18 日

　　下午三時乘車赴耒陽，在車站遇楊潔清、陳中嶽兩君。

---

36 湖南耒陽，1939 年 5 月至 1944 年 6 月為湖南省政府所在地。

## 3 月 19 日

上午九時抵耒陽，下午往訪審計處雍家源處長。

## 3 月 20 日

氣候轉寒，開始查案。

## 3 月 21 日

本日為星期日，各機關均放假，余一人曾到蔡子湖鳳雛亭遊覽。耒陽城南有一湖，漢時蔡倫曾造紙於此，因名蔡子湖，三國時龐統曾為耒陽宰，近人建一小亭於此，作紀念，又相傳附近一石槽，為張飛之馬槽，現尚完整，然確否已不可考矣。

報載湘北華容縣城已克復。

## 3 月 22 日

上午雍家源處長來訪，下午視察耒陽縣政府司法處及監所，據徐縣長稱耒陽限價尚無困難，第一期二月一日開始，限於生活必需品，第二期近已開始普遍實施，市面尚穩定。

## 3 月 23 日

上午偕雍處長往省政府視察，由王光海秘書長接談。省政府佔用杜陵書院舊址，即杜甫祠，內有杜墓，相傳杜公溺水死，後得一靴，遂葬於此，殊不確，杜公當係死於岳陽，而歸葬北方也。

下午電于院長報告在耒陽查案情形，並電桂林石主

任委員，擬明日赴衡陽，又發李子韶函一件。

## 3月24日

　　陰雨，氣候又轉寒。下午由耒陽赴衡陽，劉木天同行，寓豫章酒家，嗣移寓社會服務處。

## 3月25日

　　往衡陽市政府及縣政府視察，市長趙君邁、縣長王偉能均精幹有為。

　　購蔣委員長著「中國之命運」一冊，返寓後下午未出門，閱讀約二分之一。

## 3月26日

　　上午往訪湘桂路局石志仁局長及高禮安司令，均赴三塘，未晤。下午視察陸軍第五十六醫院，傷病各約五百，病兵多係腸胃症，據醫官言，皆由營養不良而起，擬建議軍事委員會設法改善。

　　本日「中國之命運」閱完。

## 3月27日

　　上午七時乘火車赴祁陽，先至黎家坪換乘汽車至縣城三十華里，寓天然旅社，下午到縣政府及多處視察。縣長雷孟炎，青年有為，立志建設一祁陽，聞其一月到任時，即以「操守」、「工作」兩事勗其僚屬。祁陽在湖南為難治之縣，多匪，紳權甚重，又以教育落後，人民健訟，縣長每不易久於其位，故來長斯縣者多視為畏

途。雷抵任甫兩月，因求治過急，激起反感不小，能否
久於其位，頗成問題也。

## 3月28日

上午參加祁陽縣政府擴大紀念週並講演，勉以「力
行」、「守法」以改變風氣。

下午因雨未出門。

## 3月29日

陰雨，有風，氣候甚寒。早七時乘竹輿至黎家坪，
一路冷風襲人，手足僵縮，倘若入冬，幾使人不能自
持。十時抵黎家坪，換乘大車至冷水灘宿焉。

## 3月30日

上午六時乘船出發赴零陵縣，下午三時到達，逆水
行舟需時頗久，船小人多，殊覺不適，幸天色晴朗，一
路風景尚佳耳。

## 3月31日

上下午均到各機關視察，專員唐鴻烈、縣長陳瑩冰
均強幹有為，能得人心。上午自零道師管區司令部視察
返城時，道經朝陽巖、愚溪，並謁柳子廟。愚溪頗曲
折，水亦清碧，傍溪有街曰柳子街，居民尚不少。下午
與唐專員又到崑濤亭及綠天菴游覽，崑濤為劉建藩別
號，曾在零陵獨立，以討北洋軍閥，歿後，邑人建亭以
紀念之；綠天菴為唐時僧懷素原居，屋宇圯壞，近為傷

兵所佔用，惟懷素所書草字碑尚存耳。余面告唐專員應
將房屋加以修葺，並對此寶貴之名碑設法妥為保存也。
懷素碑有二種，一為所書杜詩秋興八章，一為自述學書
之經過。（綠天庵屋後山石傍，傳為懷素書蕉處。）

## 4月1日

上午五時由零陵縣城赴冷水灘，七時舟經蔡家坡飛機場附近，適遇駐華美機與敵機在空中作戰，機關槍聲不絕於耳，事後思之，殊為冒險，據站崗警察言，已擊落敵機兩架。

## 4月2日

昨日因兩次空襲，火車誤點，故在冷水灘上來時已下午四點，今晨一時許始到桂林南站，七時返觀音山寓所。

本日下午六時，石主任委員與關、黃兩委員乘火車往柳州巡察。

接希函，將赴成都受高級滑翔飛行，約需三月。

## 4月3日

接洋縣父親函，余岳父病故西安，別離五年，竟不能再見一面，思之心傷。

## 4月4日

奉院令往耒陽查案報告本日寄出。

## 4月5日

電于院長調查報告昨日已寄出，並聲明已返桂林。

上午紀念週，余出席報告。

昨日進城見有人以黃花岡與會師東京兩事作詩鐘，云：「瀛島一圍無後至，漢家三月兆重光」，湊合天

然，可稱妙句。

## 4月6日

劉監察使約午餐，同席有黃旭初、屈映光、屈武
幾位。

發致李子韶、張岫嵐函各一件。

## 4月7日

本日大風，氣候甚寒，有入冬景象。

報載突尼西亞戰，英、美軍又發動進攻，已轉入最
後階段。

## 4月8日

晴，昨夜甚寒，據載川、陝均落雪。

## 4月9日

接希文函，崇文已離成都，去何處不明，殊可恨。

石主任委員與關、黃兩委員由柳州返。

北非英、美軍已會師。

頃閱文摘所載邵力子所談戰爭中的蘇聯，其中關於
戰時蘇聯人民生活狀況，謂在「一切如前方」口號下，
後方生活比較簡單樸素，前方士兵生活很豐裕云云。但
反觀我國抗戰以來，前方士兵生活甚苦，而後方仍有多
數人奢侈享樂，發國難財，言之慨然。

## 4月10日

報載美、日軍隊增厚實力，活動轉劇，南太平洋將有大戰。

## 4月11日

湘、桂、粵、贛四省限價會議上午八時在桂省政府舉行開幕典禮，由沈鴻烈與林虎兩氏主持，余代表巡察團以來賓資格往參加並講演，略謂過去視察所得，限價後各處有兩種普遍現象，一為黑市，一為物資來源減少，至有鬧糧荒、油荒、肉荒等情事，並謂限價有兩點須注意，一統籌，二流通，此外尤須注意實行節約。

## 4月12日

上午紀念週，石主任委員報告，講人做事處世，須注意五到、五穩，五到即心到、口到、眼到、手到、足到，五穩為口穩、眼穩、手穩、足穩、心穩。

北非盟軍又勝利，佔領斯法克斯，戰事結束期近。

午後與關委員夫婦往桂土陵園，在堯山山麓。

去冬太平洋學會（在加拿大開會）會議報告書近在華盛頓發表，有五點曾獲得蒞會各代表一致的同意：

（1）在軍事上擊潰日本；

（2）解除日本武裝；

（3）朝鮮獨立，東北四省、台灣仍歸還我國；

（4）予日本以貿易平等的機會；

（5）避免干涉日本內政。

## 4月13日

重慶訊，三民主義青年團第一次全國代表大會昨日
閉幕，蔣委員長致訓詞，勉以孤臣孽子精神，克服當前
難關。（孟子謂：孤臣孽子其操心也危，其慮患也深。）

## 4月14日

陰雨，劉侯武監察使過訪。

## 4月15日

昨夜大雨。

日前（桂林）大公報社評「我們還要加點勁」，文
內稱：「……歐洲的文藝復興運動，其特徵為重自由、
貴人生、尚知識，德國的狂飆運動，以自由、天才、精
力、自然四者相標榜，我們的五四運動，也有收復國權
及提倡新文化的內容，現在我們所需要的運動……謹提
供三點精神元素，就是愛、恨、悔。我們要愛，愛國、
愛族、愛人、愛事、愛理，凡我所愛的生死以之，愛護
到底。我們要恨、恨敵人、恨漢奸、恨一切口是心非，
損人利己，對人無同情、對國無熱愛、貪贓枉法、以及
作事不盡職的人。我們要悔，要懺悔自己，上自各位領
袖，下至庶民，人人都要低首於自己的良心面前懺悔三
天，省察自己的言行，檢視自己的內心，痛切懺悔自己
的一切過失。……」今日大公報社評「提供一個行為的
基準」，又稱「……我們曾以愛、恨、悔三字呼籲全國
同胞加勁，現在我們願提供一個行為基準，……有三步
做法，……當我們欲行一事之先，先要問問自己是否於

自己有利，是否於他人有損，假使利己而不損人，便可
行，這是第一步。第二步要問於自己有利，是否也於他
人有利，假使這件事利己而兼利人，更可行。最後當一
件事大有利於他人，而於自己卻有小損，我們更要去
做，這種損己以利人精神，就是犧牲，就是道德的最高
境界。……」（該文內又說，羅素說貪污、怯懦、殘忍
是中國民族的弱點，我們聽了雖有點生氣，但返躬自
省，實在也得臉紅，儘管是一部分，我們也不能完全否
認我們社會中還有貪污的事實，也不能完全否認中國人
還有怯懦的行為。至於殘忍，不一定指樂戰嗜殺，人類
最大的殘忍，莫過於同情心的泯沒，不辨是非、不別善
惡、見義不為、忍心害理都是殘忍。……）

## 4月16日

雨未止。午前白經天委員來訪。報載中條山南敵人
有撤退準備。

## 4月17日

仍雨。今日為馬關條約四十八週紀念日，現在已到
雪舊恥與收復台灣之時期矣。

## 4月18日

雨止。午，白鵬飛、黃鍾岳（子敬）兩先生約便餐。

## 4月19日

又雨，上午紀念週，石主任委員出席報告。

軍訊，滇邊敵人敗退。（江心坡地方）

## 4月20日

雨未止。報載西西里海峽大空戰，擊落軸心運輸機七十四架。

## 4月21日

晴。午，劉監察使約便餐，下午與關委員進城購雜誌數種。

## 4月22日

致函江文田弔母喪，並附寄輓詞一章。

## 4月23日

上午七時，與石主任委員乘火車赴興安巡察，九時到達。視察休養院、林東師管區司令部、縣政府等機關，並往湘、灕分派處游覽，湘水北流入湖南，灕水南流經桂林入廣東，本屬一源，秦時就距今縣治東北約三里處之石山鑿一鏵觜，始分為二水，平行流數里後南北分流。灕水水位高於湘水數尺，中築一堤，曰秦堤，上植樹木，頗茂盛，風景殊佳，各處每年來此游覽者為數不少。（灕水分流後，有兩處沿秦堤築石坡，略低於堤二、三尺，曰大天坪、小天坪，以調節水量。）

## 4月24日

乘上午四時火車由興安返桂林，下午二時有空襲警

報。接慎堂函，德卿赴皖北巡察，並謂河東今年亦遭旱災，因消息隔閡，詳情不悉耳。

## 4 月 25 日

接時齋函，將入晉放振，與鄧建侯同行。

## 4 月 26 日

上午紀念週，陳委員報告，會後往視白鵬飛委員疾。

## 4 月 27 日

晨起，大風雨。閱報，苗告賓監察使在耒陽監試。

## 4 月 28 日

電于院長，報告巡察衡陽、祁陽、零陵、興安等縣情形。

接希文函，崇文尚在成都。

太行山脈血戰方酣。

## 4 月 29 日

上午有空襲警報，有敵機廿餘架到祁陽、零陵一帶肆擾。

張天馬君約午餐。

## 4 月 30 日

梅公任委員來訪，據稱監察院第一巡察團奉令結束，渠即返重慶，吳、何諸人亦將經桂回渝。

接李子韶先生函，謂已給張岫嵐親送去國幣五百圓。

## 5月1日

晴。上午閱五種遺規，報載太行山麓繼續激戰。

## 5月2日

晴。上午九時有空襲警報，敵機二十七架在零陵肆擾，發生空戰，被我擊落一架。下午二時，榕門中學發起人開會，商議進行事項，余與石筱山先生均往參加，結束推舉委員十七人，成立籌備委員會。

## 5月3日

晴，天氣忽劇熱。

報載史達林「五一」節發表文告，痛陳軸心方面宣傳和平，顯為一種陰謀，意在離間同盟國家，確不失為合時的重要表示，將近來所傳日寇慫恿德、俄和議之陰霾，一掃而空。

下午楊潔清先生約晚餐，[37] 同席有中委吳開先同志。吳於七月前在上海為敵偽所逮捕，曾受非刑，始終不屈，近經敵送至廣州灣經柳到桂，敵人之用意何在不得其解。

## 5月4日

雨，午晴。本日為青年節，各機關學校均舉行紀念。

零陵訊，二日空戰，敵戰鬥機五十架確被擊落七架，美飛行員韓沙身中五彈，於歸途將機降落於湘陰縣

---

37 楊興勤，字潔清，時任桂林鹽務局局長。

境河中。韓飛行員泅水近岸，為我軍救起，因傷勢過重，下午五時在醫院逝世。韓係上尉階級，已往曾有擊落敵機十二架之紀錄。

## 5月5日

上午閱總理遺著實業第二計劃。

洛陽訊，太行山戰事愈激烈，敵又增兵二萬餘。

## 5月6日

閱實業第三計劃。

軍訊，北非盟軍（美、法軍）現沿阿克爾湖挺進，距比塞大港僅十二里，北非戰事結束當不甚遠。

## 5月7日

仍閱實業第三計劃。

本日大公報社評以「民族復興的教訓」為題，評論歐洲拉丁民族（法、義、西）前途異常暗淡，法國人民崇尚享樂，西班牙人民頹廢不振，義大利人民貪婪詭詐，倘使其不洗心革面，在世界上將無地位可言。該評論並指出一民族要強大與昌盛，第一必須有澄清廉潔的政治，第二一個現代國家，必須工業化，第三社會要有嚴正的風尚，人民應有堅苦卓絕的精神，生活要嚴肅，其結論並引英學者赫胥黎氏謂此次世界大戰根本是一次世界革命，一切民族都應本著革命精神向前作更艱苦的奮鬥，力求避現時拉丁民族所遭遇的危機，持論頗正當。

半月來，每晨起先練習太極拳，並請關蘊中先生予以指正，計十八年起學太極拳，至此已為第五次之改正矣。

## 5月8日

實業第三計劃閱完。

北非同盟軍佔領突尼斯、比塞大兩港，軸心軍不久當可肅清。按此次突、比兩港之佔領，據聞較預期早兩星期，北非軍事勝利之結果，在同盟方面將有下列之效果：

1. 西地中海輪運將較前通暢；
2. 盟軍將隨時隨地在南歐有登陸之可能；
3. 蘇聯所受壓力將更減輕，法蘭西之解放愈有希望。

而其所以能迅速致勝原因，實由於指揮統一，英、美、法各軍能同心協力，共赴事功。

## 5月9日

實業計劃閱完。

北非軸心殘部退集崩角，惟海上交通已截斷，能撤退之希望甚微少。

## 5月10日

上午七時出席紀念週報告，題目為「總理遺教與蔣委員長所著中國之命運之研究」。下午進城，往中央銀行取物。

報載北非消息，現在崩角被圍之軸心軍約十二萬人。

## 5月11日

接何雪山委員函，梅公任委員以病離開第一巡察團。

## 5月12日

昨夜大雨。

## 5月13日

昨夜又雨，本日秦、豫亦落雨，二麥可望豐收。

北非被俘之軸心軍約十五萬，不日即可肅清。英首相邱吉爾又抵華盛頓，與羅斯福作第五次會晤，大約與進攻歐陸有關。

軍巡四團上午開第四次委員會，決議各委員即分途巡察，先赴湖南常德一帶，因該處近有戰事。

## 5月14日

軍訊，十二日北非軸心軍停止武力抵抗，阿爾寧（德軍總司令）被俘，戰事結束。

本日忽晴忽雨，氣候稍涼爽。

閱五種遺規數十頁。

## 5月15日

本日瘧疾又發，頭疼甚痛苦。

## 5月16日

仍發熱，頭疼。下午劉監察使來訪。

## 5月17日

上午紀念週因病未出席，下午又發熱。

報載羅斯福復蔣委員長祝勝電，內有「我等希望於最近之將來，與閣下統率之忠勇將士，在亞洲同取攻勢，俾閣下所領導多年，經歷艱難而成就卓越之戰事，早奏膚功」。最近邱、羅在華盛頓會議，一般人預料將在亞洲同時取攻勢之說，再觀羅氏電文，當離事實不遠。

## 5月18日

余所患為隔日瘧，本日未發熱。接李子韶先生函，軍巡團組織將有變更，中央黨部，監察院、國民參政會均不再派人參加，單獨由軍事委員會派人組織，余認為此較合理，因函四弟郁琦在重慶策劃住房問題，余擬提前赴川。

## 5月19日

據童克康接李承祖君函，渠現任金華望芙區區長，又謂陳福星意志不堅，竟任偽鄉長，其女陳葆蔭與偽和平軍隊長林某結婚，如果屬實，實出人意料焉。

本日發熱熱度已較低，瘧疾可漸愈。

## 5月20日

本日未發熱，瘧疾已愈。

邱吉爾十九日在美國演說，積極準備對日進攻，並謂立時有效援華為最迫切之工作，遠東戰爭，幸未被

遺忘。

黃公恕委員調部，[38] 將另有任用。

## 5 月 21 日

致四弟及金華李承祖函各一件。

中英、中美新約換文，二十日同時在重慶與華盛頓舉行，本日倫敦泰晤士報社論批評此事，題目為「反常現象之終止」。

## 5 月 22 日

梅公任委員來訪，見其精神又不如前，慮其病漸深，殊為不幸。

## 5 月 23 日

電于院長報告近況。

莫斯科訊，以發動世界革命為基本原則之一之第三國際，頃由其領袖予以解散，並勸告其信徒參加反抗希特勒主義之共同戰鬥。此舉之意義當然甚大，一則可以澄清各同盟國對於蘇聯之疑慮，二則可加強盟國之團結並對戰後問題之解決，亦大有裨益。（第三國際一九一九年三月在莫斯科開第一次大會，翌年七月開第二次大會。）

---

38 黃公恕為國民政府軍事委員會軍法執行總監部派軍風紀第四巡察團之委員。

## 5 月 24 日

本日大公報載王泗原君論中國青年問題，謂一個國家民族的強盛，國民道德與體格最為重要，這是立國之根本條件，青年為國家民族社會之中堅，故對於這兩個根本條件，要切實的養成，對於學問宜注意實學與科學，而反對現在一般青年所愛好之空疏文藝，可謂切合中國青年之通病。

## 5 月 25 日

昨夜與本日大雨，灕江水暴漲，民房被沖去不少，已成災。

現出席華盛頓之四十三國糧食會議（開會地址在阜及尼亞州溫泉）之我國代表對外披露我國將來擬發展農業計劃，約有八項：

1. 開發西北及東北之牧場；
2. 計劃開墾，增加耕地；
3. 控制水旱天災；
4. 防治作物與牲畜之病症；
5. 使用農業機器；
6. 改良種子；
7. 製造化學肥料；
8. 發展漁業。

惟以上八項欲使其實現，第一宜速發展農業教育，以培養農業技術人才；第二在戰後宜速設立農業機器之製造廠，自造農業機器，以免購買外國成品，金錢外流；第三宜切實辦理農貸，並改善手續，以期農民能得

實惠而收發展農業之實效。

## 5月26日

　　讀美人史諾所著史達林格勒紅軍殲敵記，其結論謂
德軍攻莫斯科與史達林格勒之失敗，均由於估計蘇軍力
量太低，失敗於時間延長與物資之不濟。惟就余觀察尚
有一原因，希特勒雖驅使歐洲許多國家士兵，在前線作
戰，但因德國志在侵略，以其他國家作犧牲品，故除德
軍外，其餘多無戰志，非敗即降，以致影響全局戰事，
如義大利軍隊之在北非，匈牙利、羅馬尼亞軍隊之在東
戰場，其情形皆相同。

## 5月27日

　　接丹一函，晉南敵人有撤退消息，實情如何，再待
事實証明。

## 5月28日

　　黃公恕委員乘晚車赴重慶，余送至城內而別。

## 5月29日

　　本日又大雨。

## 5月30日

　　十一時往白委員家午餐，下午往訪楊潔清先生。
　　接希文、崇文函，崇文又在基泰建築公司任職。
　　史達林函路透社記者謂：「……共產國際之解散，

完全為合乎時宜，因此可使盟國及其他聯合國之聯合陣
線愈益加強，以從事爭取反希特勒虐政戰鬥之勝利」，
並謂：「所謂蘇聯存心干涉他國之國民生活並進行赤化
之說，今後可不攻自破」，又謂：「所謂各國共產黨非
為本國人民利益活動，而係受命於外方之誣罔，今後亦
必消滅」。史氏此次對第三國際解散事之解釋，可以廓
清一切疑慮及辯論，而增加聯合國之團結，不失為一重
要文件。（路透社駐莫斯科記者為卡羅金氏）

## 5 月 31 日

上午紀念週，關委員報告。

阿圖島戰事結束，殘敵已肅清，此一勝利對於遠東
未來戰局，當有重大影響。

## 6月1日

上午國民月會，余出席報告。

鄂西我軍反攻大勝，克復漁洋關，敵主力全被擊潰，遺棄屍體及輜重甚多，我空軍與盟機比翼作戰，擊落敵機二十餘架。

地中海亞歷山大港法國艦隊已加入盟方作戰。

## 6月2日

接琦弟函一件，隨覆一函。

## 6月3日

本日為禁煙節，桂市各界今晨舉行紀念大會。

據聞粵東今年糧荒最嚴重，每斤米約值國幣五十元，每人每月喫稀飯，亦需六百元以上，人民餓斃者甚多，情形極慘，然一般奸人，偷運糧食漏海資敵之事仍不時發生，真可謂毫無心肝矣。

## 6月4日

接苗監察使函，擬來桂一遊。

軍訊，鄂西我軍乘勝克復長陽、枝江。

北非吉羅德與戴高樂爭執解決，成立法國解放委員會，吉為舊式軍人，戴之思想比較進步，今能密切合作，共赴國難，實法國前途之大幸。

## 6月5日

洞庭湖濱我軍亦獲大勝，克復南縣、安鄉，鄂西續

克宜都、洋溪。

聯合國糧食會議，經十六日之討論後，業已閉幕，並一致決定於七月十九日之前，在華盛頓成立臨時委員會，以繼續進行大會之工作，其後則由永久組織進行。美代表瓊斯謂，完全証明吾人有團結之力量，使吾人之意志，能於和平之時生效，一若使其於作戰時生效。

阿根廷發生革命，將與軸心斷絕關係。

## 6月6日

本日為夏禹誕辰，我國於二十九年定本日為工程師節。

上午十一時，王諧第來訪，相偕進城，購國文雜誌一冊。

阿根廷革命成功，加斯蒂羅（總統）政府辭職，勞森將軍組織臨時政府，軸心國在政治上，在南美已失活躍地盤。

## 6月7日

本日為舊曆端陽節，軍巡四團同人上午十時聚餐，十二時到監察使約午餐。

## 6月8日

接韓振聲先生函，已抵重慶。振聲先生年來被派至天津主持黨務工作，想飽經艱苦。

劉監察使小女週歲約午餐，參加者有白委員鵬飛夫婦。

## 6月9日

接父親函（五月卅一日發），最近接毓華報告石橋大舅父於去年舊歷十二月十八日逝世，臨終之日，家中無糧，至不能舉辦喪事，殊可傷也。又云故鄉無食之家十居七八，今春二、三月間，野菜、苜蓿多被食盡，兵荒又益之以年荒之哀鴻遍野，真無以為生焉。

## 6月10日

患痢，上午服藥特靈兩粒。

## 6月11日

痢疾未減輕，亦未加重，初擬服李神仙治痢方，據友云斯療宜疏不宜止，該方內有五味子，為止性，不宜服，余仍服藥特靈，晚又服焦山查湯一碗。（加神粬紅白糖）

## 6月12日

本日痢疾漸愈，惟腹內仍覺凝滯未平，復繼續服山查湯。

報載美國民意測驗結果，對日憎恨甚於對德，均視其為文明國家以外之國家，其描寫日本人之形容詞中，較雅馴者為「野蠻、粗暴、卑污、奸詐、瘋狂、兇頑、無人性、形同禽獸、尚未開化、不足信賴等」，其他形容詞難以公佈云云。按，此為日本年來瘋狂侵略之收獲，如日本人仍不能自反，改變其思想，恐世界各國，將來無有願與為友者矣。

地中海班泰雷利亞島上義軍（約一萬二千至一萬五千人）昨日懸掛白旗，無條件投降，此為盟軍海空猛烈襲擊之結果。

## 6月13日

痢疾已愈，腹內亦不似昨日之凝滯。

據大公報載董時進君論文（題目為農業與國運），內稱我國農業落後，不僅糧食不足國人之需，即一切原料，亦甚感出產太少，如以棉花、羊毛而論，美國紡紗廠每年消耗棉花約七百萬包，毛織廠每年消耗羊毛約六、七萬萬之磅，而我國人口比美國多數倍，每年棉花總生產量不過百餘萬包，每年出產羊毛不過五千萬磅，此外如糖、水果、牛奶、豬肉以及竹木等等，無一不感不足，故我國在戰後，不止要發展工業，尤須要發展農業也。（美國有奶牛約三千五百萬頭，我國真正奶牛恐不易找到三千五百頭，美國人每人每年平均食內一百五十磅，我國人平均尚不足五磅。）

## 6月14日

本日為聯合國一週年紀念日，桂市各機關及聯合國居留人士舉行大會熱烈慶祝。

上午有警報。

## 6月15日

早四時半，與關委員、王明久幹事出發赴全縣巡察，至北車站，知車自柳州尚未開出，遂又回團。

報載鄂西收復松滋，二次收復公安。

## 6月16日

本日乘早車赴全縣，十一時到達，衛受封同志來訪，衛在中央銀行任職。

## 6月17日

上、下午視察各機關。

## 6月18日

昨夜雨，近日天旱，得此一場好雨，人心大安。
下午與關委員遊湘山寺，聞無量壽佛即在此圓寂。

## 6月19日

原擬本日返桂林，因誤車仍留全縣。同鄉田正生、王迺宜、徐士賢、廉兆卿在山西飯館約便餐，飯館經理呂君，汾陽人，余在此能一嘗家鄉風味，心殊慰快。

## 6月20日

本日晚返桂林。

## 6月21日

上午七時，由城內返觀音山寓所，整理巡察全縣報告。

## 6月22日

晨起補寫日記。

今日是德軍侵略蘇聯兩週年，蘇聯抗戰二年，至今屹立如故，而德已再衰三竭，世界形勢，大異於兩年前此日矣。

## 6月23日

晨小雨，氣候較昨日涼爽。

報載莫斯科廣播，德軍侵蘇二年來之結果，陣亡及被俘者約六百四十萬人，此外損失大砲約五萬六千五百尊，坦克約四萬二千四百輛，飛機約四萬三千架，蘇軍陣亡及失蹤者約四百二十萬員名，損失大砲三萬五千尊，坦克三萬輛，飛機二萬三千架，觀此可以知現代戰爭消耗人力物力之鉅矣。

## 6月24日

報載瑞典斯德哥爾摩之新聞晚報頃著文稱：「中國在四大盟國中，以勢言，雖名列第四，然鑒於其地大民眾，與其首先捲入不可分割之戰爭，則應居首要地位。若日本於英、美實力薄弱之際，擊敗中國，則其對印度威脅必遠為重大。盟國今日戰畧，所以能以先擊敗歐洲軸心為基礎者，大部應歸功於中國之抗戰。」其持論可謂平允。

## 6月25日

本日天氣悶熱。

閱關蘊中先生手抄太極拳理論概要，並手抄若干條。

桂林區訓導會議，昨日舉行，教育部派人到桂林主持，陳立夫部長訓詞內有云：「……自近頃學校之制行，專科以上學校即講解之業勤，而訓導之功墜，頹風所扇，學行分途，知識或不幸為長惡之工具，道德尤不幸為浮誕所嗤薄，此固非教者始料所及，而沿波討源，不能謂非忽視訓育之所致也。……」對近年學風所以敗壞之原因，可謂洞見底蘊，一語道破。

## 6月26日

頃得消息，故鄉汾河流域今年豐收。

## 6月27日

頃閱王芃生君「新答客難」一文，大意謂日本自明治十八年以來，以軍人任首相組閣為多數，軍人中尤以陸軍為多數，然即海軍或文人首相之內閣，仍僅為陸軍之傀儡，陸相殆以連任為不文法，其連任多至四、五次內閣，而陸軍倒閣及指定天皇任命繼任內閣總理，不然則陸軍拒絕出任陸相，而內閣流產，乃常見之事，彼等更與參謀總長及教育總監勾結，有所謂陸軍三長官會議，實乃日本憲法上所謂天皇大權之盜用團體（按日本之所以常發動侵戰爭者其故即在此）。故日本政治完全由陸軍把持，在此次世界大戰，若僅擊敗日本之海空軍，而不擊敗其陸軍，以改變日本國民的心理，則日本仍不易變成真正的民主國家，世界仍不免再遭其侵略戰爭之火燄。（按王君所見甚正確）

## 6月28日

上午紀念週，石主任委員報告。

下午大雨。

## 6月29日

接子韶先生函，陳積善對軍巡團改組事表示反對，惟余之見解與之不同，贊成由軍事委員會單獨組織也。

下午又雨。

## 6月30日

晴，覆李子韶先生函。

## 7月1日

上午七時舉行國民月會。

昨日英相邱吉爾發表演詞，稱「在今秋木葉黃落前，在地中海或其他方面，將發生猛烈戰事」。

## 7月2日

昨夜又大雨。

美軍在南太平洋又發動新攻勢，本月一日佔領梭島附近兩羣島，並在新喬治亞羣島之倫多瓦登陸，正與敵激戰，報載此為麥克阿瑟就任西南太平洋聯軍統帥後之第一次聯合作戰。

發致四弟函一件。

## 7月3日

接黃公恕委員函，軍巡團改組問題尚未定，赴渝之期因此又須展緩，並函知洋縣家中。

## 7月4日

本日又雨。本日為美國國慶紀念日，即獨立第一六七年紀念日，又為美駐華空軍成立週年紀念日，美駐華空軍司令陳納德謂將轟炸日本。

## 7月5日

盧子英君由長沙抵桂林，余與關蘊中委員進城往訪，據談，告寶已赴濱湖視察逕回芷江，不來桂林矣。

本日紀念週，余出席報告，題目為「什麼是民主

國家」。

## 7月6日

晴。兩旬以來幾無日不雨，忽寒忽熱，頗感不適，稍一不慎，極易致疾，桂林土語云「常脫常著（指穿衣言），勝於喫菜」，殆指此時而言歟。

下午進城約盧子英先生晚餐，與石主任、陳、關兩委員共作主人，有客六人，一餐之費，竟達一千二百元，尚為普通酒菜，桂林物價真驚人也。

## 7月7日

晴。桂林市各界舉行紀念七七抗戰六周年大會。

蔣委員長發表告同盟國人士書，闡明中國四大希望：

1. 戰後和平不能是「談判的和平」，必須是使敵人無條件的接受聯合國的和平；
2. 未來的和平，必須是為全人類求解放的和平；
3. 聯合國必須設立作戰機構；
4. 在戰後必須創立保有充分國際武力的和平機構，以確保世界正義與集體安全，並藉以推進世界民主政治。

## 7月8日

晴。陰士賢君來訪。

## 7月9日

晴。下午進城訪盧子英先生，五時半王問佛約晚餐。

蘇德戰事近日正激烈進行，戰線北自奧累爾南至比

爾哥羅德，長約一百六十五哩。（按此為今年德軍夏季
攻勢，七日開始。）

## 7月10日

晴，接黃公恕委員由重慶來信，上月末軍委會招集
有關機關開會，軍巡團組織將維持原狀，僅將審判權予
以擴大，又云渠所聞如此，詳情仍未悉。

## 7月11日

雨。同盟軍在西西里島登陸，時間為十日晨六時左
右，同盟軍總司令艾森豪威爾廣播稱，北非戰事已結
束，歐洲戰事已開始。

報載陳孝禪君著文主張生產業應與教育事業同時並
進，然後建設人才方能培養成功。試觀已往專門大學學
生多入仕途，而所期望之實業人才，仍不可多得，不能
不謂為已往專重大學教育之失敗，因此主張大學招生
應重質不重量，萬勿濫收學生，敗誤國家與青年，所見
亦是。

## 7月12日

上午紀念週，石主任委員報告。

報載監察院第一巡察團抵曲江。

## 7月13日

重慶訊，西西里島登陸同盟軍進展順利，軸心軍抵
抗不猛烈，義軍被俘已七千，戰事已入第二階段。

盧子英先生本晚赴重慶，下午與石主任委員、關委員進城送別。

晚讀李義山詩若干首。

## 7月14日

近日桂林市肉價每斤已達五十元，雞蛋每枚兩元五角，物價問題真至嚴重關頭矣。

報載美參議范登堡及伊懷特向參議院建議：

（一）進行戰爭直至確實勝利而後已；

（二）美國參加主權國間戰後之合作，以任何必要方法，防止軍事侵略之復活，並在自由世界中建立永久正義和平；

（三）（畧）……。

此當係鑒於第一大戰後，美國退出國聯之失策。

本日為法國國慶紀念日，苟非戴高樂、吉羅德諸人起而抗德，則今年此日仍闇淡無光矣。

## 7月15日

雨，氣候轉涼。報載倫敦近日舉行孔子事蹟展覽會，十二日開幕，顧維鈞大使親臨主持，發表演詞，大意謂孔子為中國偉大思想家，並為中國文化之導師，對中國人民之思想生活，有極深極大之影響，其道德觀念主要者為忠孝仁愛信義和平，其所主張，己所不欲勿施於人與四海之內皆兄弟也，在今日仍有其偉大之價值。故研究孔子之生活思想，實為瞭解中國之一途徑，云云。按在此聯合作戰，我國國際地位已增高之時，向外

宣揚我國文化，不失為一好機會也。

## 7月16日

晴。函于院長報告日前視察全縣情。（按此係十四日發出，補記於此。）

莫斯科訊，蘇軍發動反攻，德軍夏季攻勢，歸於停頓。（按德軍進攻十日，損失甚重，固為原因之一，其主要原因，當係因盟軍在西西里島之故。）

## 7月17日

瘧疾又作。軍委會來電，巡察團委員任期自到團任職之日起扣足一年，必要時得延長半年。

## 7月18日

本日瘧疾未發，惟精神甚疲。

## 7月19日

本日紀念週因病未參加。

## 7月20日

又病泄，恐轉痢疾，延醫診視，服中藥一劑。

盟機五百架，昨日上午十一時首次轟炸羅馬。

## 7月21日

上午又請醫生診視，繼續服藥，病況較昨稍好。

本日初伏，桂林連日大風，今晨又雨，氣候尚無入

伏意。

## 7月22日

　　劉侯武監察使來訪，談及監察院第一巡察團已赴廣東東江各縣巡察。

　　泄疾漸愈，幸未成痢。

　　接新生函，希文在成都受訓已結業，在返渝途中。

　　目前報載，英國農業及營養專家鮑德謂：「如吾人營養能合乎健康標準，此代英格蘭兒童之壽命，預期可增加四年，在較貧苦落後之蘇格蘭可加十年，在南美洲農民平均壽命僅為四十年，在印度則為二十七年，在紐西蘭則為六十七年，紐西蘭人為全世界營養最佳，與居宅情況最優之民族云。」桂林大公報因此大聲疾呼，謂現在我國一般健康情形不能不令人擔憂，推其原因，由於物價高漲，人民得不到適當營養者居其半，而官廳向來漠視人民營養與健康以及奸商剝削，造成目前局勢者亦居其半，此事關係民族前途與國家百年大計，望今後萬不可再漠視也。

## 7月23日

　　上下午均有警報，上午敵機六十九架侵擾湘省，與我機（美十四隊）在衡陽上空有激戰，聞有五架被我擊落。

## 7月24日

　　本日又有空襲，桂市西南郊曾發生空戰，聞湖南零

陵、衡陽兩處亦有空戰，共擊落敵六架。

## 7 月 25 日

上午八時又有空襲警報。

發青葉函。（係說明須秋涼後方能赴重慶）

據程之屏君說，河南旱災，人民死者約二百萬。

日人青山和夫頃著論文論日本之過去現在將來，畧謂日本自明治維新後，為適合國際之環境，遂形成天皇制與軍部之大權，結果厲行對外侵略政策，在此次世界大戰後，若止解除日本武裝，而不廢除天皇制，則戰後和平仍不易維持，將為未來之大失敗。末謂日本之革命，將為民主革命，而非共產革命，現在時期已到希望中國革命志士與之合作。（該氏並謂革命為社會構造之變質，凡一國之革命，或政治改革，因由於內部之事情，而決定之者，則在能否適應國際環境，故七年來先援助中國之抗戰，俟此項任務完成，再發動日本革命。）

## 7 月 26 日

重慶訊，墨索尼里昨日突然辭職，義王愛麥虞憲負責收拾殘局，並任命巴多格里奧繼任首相，此確為歐局一大變化，或將為義大利退出戰爭之開始。按盟軍在西島登陸時，羅、邱兩氏曾用飛機散發告義大利人民書，內有「義大利人民將為墨索里尼而死，抑或為義大利自由而生，此其抉擇之時矣。」（大意如此）之語，想義大利人民，必受最大感動，今墨氏已辭職，即其再無力

統治義大利之明證也。凡不能修明內政，親仁善鄰，而好大喜功，務勤遠略者，亦可以墨氏為鑑戒矣。（本日炎熱）

史達林通令全軍將士，說明德軍夏季攻勢完全失敗，即德軍在夏季攻無不克，蘇軍每年有相當時期不得不後退之說，業經打破矣。（按蘇聯此次抗戰之所以成功，其原因不外（1）廣土眾民；（2）民族精神，即民族主義代替了國際主對的結果，如解散第三國際，即其一証；（3）澈底工業化，即三次五年計畫成功。）

## 7月27日

晴，本日氣候溫度為九十八（室內），較昨日又升高四度。

近年來有「邊疆教育」一名詞，即國內少數文化度極端落後的民族教育，如僮、傜、曲、黎等族，向來在政治上，政府對其教育皆不注意，致與漢族多隔閡，現在建國時期固不能亦不應如已往之放任也。以上所述各民族，就其人口言，全國（多散居雲貴、兩廣、湖南、福建等地）均在一千萬以上，不為不多，若始終視為化外，則必影響於建國之前途非淺焉。（近有人稱邊疆教育為「化外」文化即以此。）

## 7月28日

上午有空襲警報，下午與關委員夫婦往遊月牙山。

## 7月29日

陰士賢君來訪，將往獨山謁張策安另謀工作，余寫函介紹。

上午進城購閱本日掃蕩報，英、美、蘇已在倫敦協議，授權艾森豪威爾，如義大利求和時，可勿報告華盛頓、倫敦，逕行處理。

## 7月30日

美總統羅斯福（廿八日）廣播講演，戰爭罪犯須受審判，非可以辭職卸責，並申述軸心國家須無條件投降，同盟軍進攻到柏林、東京，方為完全勝利。（大意如此）

劉侯武監察使來訪，據談聞之美國空軍（第十四隊）方面消息，此次敵機侵擾，數日來共被擊落四十餘架，傷者尚不在內。

## 7月31日

重慶訊，羅馬廣播，義大利公開承認，正考慮和平條件，英內閣午夜開臨時會議，討論義大利求和問題。又傳義法西斯黨要人多被捕，義北境工人多罷工。又據德記者述，法西斯黨坍台之經過，係先由黨內起內閧。

昨日上午湘境又有激烈空戰，敵機被擊落八架。

發李子韶函一件。

本晚風雨，天氣稍涼。

## 8月1日

因昨夜有風雨，本日炎暑大減。

報載倫敦有關方面最近發表戰後教育計劃書，規定戰後英國兒童強迫就學，除幼童須讀中小學外，從十五歲到十八歲青年，尚須讀大學，頗受一般人注意。返觀我國國民教育落後，戰後應如何急起直追，以與列強並駕齊驅也。

## 8月2日

上午紀念週，石主任報告，謂蔣委員長所著中國之命運，有人以「窮理知言」四字稱之。余謂蔣委員長對總理遺教有精深之研究，對世界大局，與我國前途有透澈之認識，亦可於此書見之。

國民政府林主席於昨日下午七時在陪都逝世，享年七十七，遺缺由中常會選任蔣院長代理。大公報悼詞云：

國府林主席於昨晚逝世，在此對外作生死鬥爭之際，遽失元勳，全國軍民益將不勝慟悼！主席自廿一年膺選，以迄於茲，凡歷十一年，平日謙沖恬澹，氣度雍容，充分流露平民風範，故極受軍民愛戴。自南撤守，六年之中，而武漢而重慶，國家在外患侵陵之非常時期，主席率領全民，告誡國人，勿屈勿撓，卒至轉入目前有利階段，其鎮靜凝重，殆無人可及。今勝利在望，而中道崩殂，不克親見大功之成，可勝悼惜！追念元勳，痛國步之艱難，願全國軍民，長留哀思！

## 8月3日

報載林主席遺囑全文如下：

余忝任國民政府主席，十有二年，國難空前，時深凜惕。自中央奮起圖存，決策抗敵，委員長領導全黨同志，全國人民，統帥忠勇將士，同心禦侮，効命前驅，卒使寇氛漸戢，正誼昭宣，國際同情日增，平等條約於焉締結，益見得道多助，有志竟成。曩隨國父之後，服膺主義，致力革命，原期於國於民，有以自効，現值抗戰建國，同時邁進，而余以精力就衰，未能導揚盛治，目覩中興，曷勝遺憾。所望同志同胞，盡皆曉然於暴力之終應失敗，公理之決不消亡，精誠團結，淬礪奮發，一致祖述國父之遺教，服從總裁之命令，各為國家民族盡其責任，於以驅除殘寇，再造中華，庶幾世界和平，有所保障，人類幸福，得免摧殘，躋世運於大同，奠邦基於永固，其共勉之。

## 8月4日

報載義大利自墨索理尼辭職後，法西斯蒂黨即被解散，義國內到處騷動，民眾群起反戰，要求迅速議和。英外相艾登，謂「墨氏為人譎詐，妄自尊大，結果遂付出血淚及苦難之重大代價，陷義大利於危境。」云。（大意如此）

## 8月5日

上午往訪劉侯武監察使。

下午往廣西省立醫學院診視牙疼。

## 8月6日

下午仍住醫院診視牙疼。

## 8月7日

上午六時，桂林各界公祭林故主席，余亦往參加。

西西里島英軍攻佔卡泰尼亞城，蘇聯軍隊克復奧累爾（為通莫斯科之要路）及比爾哥羅德，南太平洋美軍攻佔新喬治亞島之蒙達機場（為日寇前進之重要基地），均為盟軍之重大勝利。

## 8月8日

上午與關委員往訪吳耀三君，並在渠家午餐。

## 8月9日

上午紀念週，石主任委員報告。

下午往廣西省立醫學院附設醫院拔牙，經過尚良好。

## 8月10日

繼續醫牙疼。

## 8月11日

繼續醫牙疼，下午由醫院，頭微疼。

報載英相邱吉爾抵加拿大，將會晤羅斯福，此為邱、羅第六次會晤。

## 8月12日

頭仍疼，早餐後發熱甚猛，延中醫診視，係中暑。

## 8月13日

昨日服藥後，疼稍差，仍延醫診視。

## 8月14日

往七星巖，請醫又診視一次，繼續服藥。

接四弟信，故鄉近日地方稍安；接希文信，已由成都回抵北碚。

## 8月15日

大小雨數次，致妨收稻，農人怨之。

## 8月16日

上午紀念週，關委員報告，余因頭昏未出席。

接父親函；二弟毓華來信，家中打麥一百零五裝，合三畝一裝，故鄉今年又薄收焉。

## 8月17日

又大雨。廉兆卿、沈婉芬由全縣來訪，晚餐後返城內。

## 8月18日

早往訪劉監察使；午餐後與關委員夫婦進城訪廉兆卿夫婦，未遇。

覆岫嵐信。

同盟軍完全佔領西西里島，大約盟國空軍將再加緊進攻歐洲大陸，以為開闢第二戰場，大軍登陸之先聲，實行所謂軸心空軍理論之杜黑主義。（即用空軍轟炸毀滅敵人的後方根據地）

## 8月19日

晴。桂市禁售月餅，一為節約，一為防止霍亂之蔓延，今年中秋佳節，又一番景象焉。

羅斯福抵加拿大之奎貝克，與邱吉爾舉行重要會議，艾登、赫爾先後趕到參加，足證此次會談，不限於軍事問題，政治問題亦將要談及也。

## 8月20日

上午七時有空襲警報，敵機五十八架分三批來擾，桂林市上空，有激烈空戰，十時半警報解除。

## 8月21日

電于院長，九月初由桂起程來渝述職。

八時半又有空襲警報，敵機未至桂林市區上空，十一時解除。

## 8月22日

發寒熱，瘧疾又作，服奎寧兩粒。

## 8月23日

上午紀念週，因病未出席。

十時許有空襲警報，敵架機來至市空。

下午，仍發熱，據張幹事云蟲草燉母雞可根治瘧疾，雞殺後去毛清理內臟及燉時須全用黃酒，不用水，擬到重慶後，試其有效與否。

## 8月24日

上下午均有警報。本日未發熱，仍繼續服奎寧。

接于院長梗電，允余即來渝述職。

## 8月25日

奎貝克羅、邱會議於昨日結束，我外長宋子文曾趕到參加會議，羅、邱共同發表宣言，謂此次討論，大部分為關於對日本之作戰（按蘇聯此次未派人參加，原因或即在此，蘇、日未宣戰也），並予我國以有效之援助，又謂今年內擬開英、美、蘇三國會議，觀此則我國年來所希望同盟國應從速解決日本，以免日寇坐大之建議，不久可見諸實行矣。

蘇聯二次克復卡爾科夫（烏克蘭首府），蘇京狂歡，慶祝大捷。

英機七百架猛襲柏林，投彈約二千噸，全城大火，炸彈有重至四噸者，英機飛行員出發約五千人。

報載蘇聯對戰後歐洲問題，與英、美頗有出入，蘇聯希望確定何人為戰爭罪犯，其主張：

（1）懷有並煽動全部違反國際法之政策者（如希特

烈、戈林之流）；

（2）計劃並執行此政策者（包括納粹黨大小領袖）；

（3）計劃並慫恿納粹政策者（如金融及工業巨頭等）；

均不能逍遙法外。

## 8月26日

上午七時有空襲警報，解除後往訪白鵬飛委員。

羅斯福在渥大華向加議會致演詞，謂必予侵略國家徹底教訓，使彼輩侵略認識耶穌所謂「愛汝鄰人與汝之自身無異」。

## 8月27日

本日為孔子誕辰，又為教師節，軍巡團晨六時舉行紀念會。

近來各國對於戰爭罪魁問題頗引起爭議，如英、美及各同盟國警告各中立國，不許容納此次大戰之禍首，使其於戰後受法庭之審判，以免如上次大戰後德國之維廉第二逃避荷蘭，逍遙法外，但中立國如土耳其、瑞士等則又以國際法為根據表示異議。其實國際法以往對於政治犯如由甲國逃至乙國，乙國每拒絕甲國要求引渡，此類政治犯或為革命志士，或為在政治上之失敗者政權被打倒，均為某一國之內政問題，如逃至外國，大抵在國際法上許予以保護。若國際間戰爭之罪魁，則與普通所謂政治犯顯然不同。國際法並無規定對之應行使庇護權，各中立國即無理由可以強行容納或拒絕引渡，蓋倘使此等破壞國際條約之戰爭禍首，仍得免受審判，逍遙

法外，則不惟國際正義無由伸張，即與國際法之精神亦
顯然相背馳，維廉二世得以善終天年，此第二次世界大
戰所以不能免也。故近來有心維護正義之人士，皆主張
在戰後懲辦戰爭罪犯，此正以維持世界和平而符合國際
法原來之精神。

## 8月28日

昨夜及本日上午大雨，氣候涼爽。

下午白經天委員約便餐，同席有張貞主任委員、劉
侯武監察使。

## 8月29日

本日天氣又轉熱。

函青葉，九月一日擬由桂林起程赴渝。

## 8月30日

上午十二時劉侯武監察使約午餐，下午進城訪吳耀
三、王詣第、朱之璽諸同鄉，辭行。

## 8月31日

在團內整理行裝。

## 9 月 1 日

由桂林乘晚車赴柳州。

## 9 月 2 日

由柳州赴金城江，因金獨段火車以路壞停開，擬乘汽車。

## 9 月 3 日

仍留金城江。

## 9 月 4 日

到河池，便中往縣政府視察。

## 9 月 5 日

再返金城江，搭乘中國運輸公司車起程赴渝，晚仍宿河池。

## 9 月 6 日

早七時起程，晚宿六寨鎮。

## 9 月 7 日

午過獨山，往訪張策安先生，張係同鄉又為老友，晤談精神倍感慰快（張在獨山任專員已四年餘）。午餐後繼續前行，晚宿都勻。

## 9月8日

午經馬場坪，晚宿安定縣。

## 9月9日

抵貴陽，宿貴陽招待所，遇嚴子靜、張復敬兩君。

## 9月10日

留貴陽候車。

## 9月11日

因事仍留貴陽。閱報十一中全會蔣總裁致開會詞，謂敵人將在一年前後崩潰，又第六次會議，抗戰結束後至遲半年內招開第六次全國代表大會。

發四弟信，謂已抵貴陽，十四日由貴陽起程赴渝。

## 9月12日

雨，天氣轉寒。

報載義大利無條件投降，本月三日已決定，雙方停戰簽訂協定，本月八日始公佈，公佈前德、日兩國均未獲義政府通知，此確為同盟國一偉大勝利，軸心崩潰之先聲也。

本日仍留貴陽，上午往朱心田先生，並在渠家午餐。

## 9月13日

晴。上午往訪吳主席，對貴州年來施政情形，吳主席曾擇要談及，旋往訪何市長，因事不在市府，未獲晤

談，何曾任監察院監察委員舊日同事也。[39]

## 9 月 14 日

　　早六時由貴陽乘中國運輸公司車赴重慶，晚宿息烽。

## 9 月 15 日

　　早五時由息烽出發，經烏江、遵義，晚宿桐梓。過遵義後越婁山關，路頗險，且天色已暗，每遇陡坡，乘客均下車步行。

## 9 月 16 日

　　由桐梓出發，晚宿東溪，中間須越大嶺三，其中最有名者為釣絲崖，有七十二灣。

## 9 月 17 日

　　本日下午三時至重慶大江南岸之海棠溪，在車站遇侯力哉君，即相偕渡江至上清寺韓西笙兄寓所，是晚即宿於此。

　　晚餐後，四弟來，旋與容軒兄往謁于院長。[40]

## 9 月 18 日

　　晨起往訪李子韶先生，隨相偕訪梁次楣於觀音岩。

　　近日患泄疾，行動頗不便。

39 吳主席，貴州省主席吳鼎昌；何市長，貴陽市市長何輯五。
40 姚大海，字容軒，時任中國國民黨中央監察委員。

## 9月19日

泄疾仍未愈。

上午往訪石敬亭先生。

## 9月20日

本日服藥。

## 9月21日

移寓社會服務處。

李蔭翹飛西安轉返洛陽。

## 9月22日

泄疾仍未愈，一日未出門。

## 9月23日

上午往訪薛岫東，岫東介紹一西醫江文波君為余診治泄疾，服西藥。

## 9月24日

苗告寶返湖北，趙宜齋返李渡，余因疾倦，送至大門外。

## 9月25日

希文由北碚來。

## 9月26日

泄疾漸愈。

本日氣候轉涼。

赴國府參加紀念週，蔣主席主席，軍令部鄭冰如報告日本兵役制度。

## 9月27日

希文返北碚。

本日參政會舉行休會式。

## 9月28日

雨。上午訪梁次楣先生，十二時薛子良約午餐。[41]

## 9月29日

陰雨，氣候轉涼。

## 9月30日

仍雨。

---

41 薛篤弼，字子良，時任行政院全國水利委員會主任委員。

## 10月1日

晨起雨止，有霧。據人言，重慶漸入霧期，此後數月間將不易看見太陽矣，晚約葉鏡元先生在冠生園便餐。[42]

## 10月2日

上午訪張溥泉先生，張先生精神仍甚好，下午訪陳果夫先生，陳先生因病赴鄉間休養，未晤。

## 10月3日

張岫嵐返寓，李子韶委員約張與梁次楣、張敬亭及余午餐，下午六時，余約晚餐。

## 10月4日

上午九時監察院紀念週，余出席報告歷年巡察軍風紀情形。

## 10月5日

赴北碚，上午七時乘汽車出發，十時半即到達。下午與新生甥往北溫泉沐浴，往返約二十里，乘民船。

## 10月6日

雨，張靈修先生約早餐，下午一時乘民生公司火輪

---

42 葉鏡元，山西聞喜人，曾任陝西定邊、石泉等縣知事、甘肅省政府秘書長、民政廳長等職，為馮玉祥幕僚。

回重慶，四時到達。

## 10 月 7 日
往監察院謁于院長，因赴山洞未晤，隨約李子韶委員往東來順食牛肉。

## 10 月 8 日
雨，晨起發關蘊中、黃公恕函各一。

## 10 月 9 日
雨。

## 10 月 10 日
國慶日。蔣總裁就國民政府主席職，雙十雙慶。

## 10 月 11 日
五院院長就職，余往監察院向于院長致賀。

## 10 月 12 日
準備赴成都轉漢中。

## 10 月 13 日
往監察院訪李子韶委員辭行。

## 10 月 14 日
梁次楣先生談，有赴綏遠便車，路經漢中，係傅宜

生副長官運載貨物，較公路局車行為快，遂決定與丹九
兄接洽乘此車北上。

發致倪公輔函一件。

## 10月15日

往復興關訪谷筱峯先生。

## 10月16日

候一如赴漢中，致函崇文，說知遲來成原因。

## 10月17日

在渝候車，聞東南亞軍總司令蒙巴頓抵渝與蔣主席
會商軍事問題。

張岫嵐來訪。

## 10月18日

候車，發家信一件，報告下月十日前可到洋縣。

## 10月19日

梁次楣先生來談，赴綏車明日下午可起程，心甚
喜，因在此無事可作，頗焦急也。

蒙巴頓飛返印度。

## 10月20日

本日因事又未起程。晚張岫嵐來訪。

## 10 月 21 日

李子韶委員來訪，因出門未晤。

天又雨。

## 10 月 22 日

雨。往訪姚容軒、韓西笙兩兄，暢談一日。

## 10 月 23 日

雨，王陸一監察使最近病歿西安，殊可惜。

## 10 月 24 日

晴。

## 10 月 25 日

又雨。上午十一時由重慶出發赴成都，晚宿青木關，僅一百二十華里。

## 10 月 26 日

仍雨。上午九時起，晚宿榮昌，因汽車不時發生障礙，隨行隨修，致誤行程。

## 10 月 27 日

天大放晴，午過內江，因向油站領油（酒精），又誤了半日路程，晚宿資中一小鎮。

## 10月28日

晴，下午三時到達成都，寓建川飯店，與崇文見面，令其隨余回洋縣。

## 10月29日

晴。上午八時往訪姚夢更先生，下午二時出西城過萬里橋，赴武侯祠遊覽。祠在昭烈廟後，其內柏樹甚多，一出南門即可望見杜工部詩云「丞相祠堂何處尋，錦官城外柏森森，……」，雖今日之柏，非盡唐時之柏，而其為森森，因今古相同也。祠內板聯不少，採記數則於此：

（一）勤王事大好兒孫，三世忠貞（諸葛瞻、諸葛尚，
　　　祠內有像，分列左右），史筆猶褒陳庶子；出
　　　師表驚人文字，千秋涕淚，墨痕同濺岳將軍。

（二）討賊竭忠貞，瀝膽揮肝，天下文章惟兩表；奇
　　　才根靜學，清心寡欲，隆中計策定三分。

（三）群雄此日爭追鹿，大地何時起臥龍。

　　祠西有新建劉（湘）墓，聞其工程甚大，因足疼未往觀。

　　下午六時姚夢更先生約往山西館喫麵食。

## 10月30日

仍留成都，余昨日遊武侯祠係乘人力車，車夫皆知有武侯祠，而不知有昭烈廟，可見武侯之文章事業深留人心，雖以劉先主之英明，貴為帝王，猶不能掩之也。

## 10 月 31 日

晴，早餐後與崇文同往華西壩游覽，此為成都之風
景區，華西大學在焉。抗戰後，山東齊魯、南京金陵兩
大學亦遷移於此，原欲到金陵大學一見姚國華，因本日
為星期日，聞已出門，未晤。

## 11月1日

由成都出發赴漢中，晚宿。

## 11月2日

【無記載】

## 11月3日

本日到達廣元，又患痢疾，尚不重，服藥特靈。

## 11月4日

雨。在旅社遇鄧建侯新由山西放振回重慶，道經廣元。[43] 電于院長報告因雨候車並病痢，暫留廣元。

## 11月5日

仍雨。北行無車。

## 11月6日

仍雨。遇同鄉董夢周，轉到伊家午餐，董任大華紗廠廠長。

## 11月7日

仍留廣元，病稍愈。
往大華紗廠參觀。

---

43 鄧鴻業，字建侯，山西定襄人，時任國民政府立法院立法委員，與胡伯岳先生為靖國軍時期同事。

## 11 月 8 日

本日北行有車，因病仍未起程。

## 11 月 9 日

本日由廣元起程赴褒城，乘車，一日到達。

## 11 月 10 日

晨八時乘車赴南鄭，半小時到達，寓五洲旅館，隨往城內訪王立齋、李晉亭諸友，知黎坪墾區局局長安漢因包庇種煙與貪污案已被槍決，殊可惜。

## 11 月 11 日

電于院長報告黎坪墾區煙案經過情形，原定東赴洋縣，因七中校長楊耀先來，又中止。

## 11 月 12 日

仍留南鄭，偕晉亭往城南拜將台游覽，台經新修，上建一亭。

## 11 月 13 日

在汽車站晤曹覺民，曹在西北聯大任教授，由南鄭赴城固。

## 11 月 14 日

由南鄭乘汽車至城固，改乘船赴洋縣，紹文、崇

文、相文、淑靜同行，[44] 下午四時抵洋縣，見父親精神
尚健，甚欣慰。

## 11月15日

赴七中訪同鄉諸友。

※　　　　　※　　　　　※

抵洋縣後，因交通不便利、消息亦不甚靈通，日記
因無事可記，擬暫中止。十一月廿日後，蔣委員長赴開
羅與羅斯福、邱吉爾開會，十二月一日返重慶。會議結
果，宣言作戰到底，東四省、台灣、澎湖羣島歸還中
國，扶助朝鮮獨立，世認此為對日本之判決書，東亞問
題從此方得正當解決，會議後羅、邱又赴德黑蘭與史達
林開會，商議解決歐洲問題。此兩重要會議，對作戰及
戰後和平所關至鉅，可謂為人類史上之大事件。

常德方面自十一月至十二月間，敵人進犯作戰四十
日，敵大敗。

---

44 淑靜為胡伯岳先生長媳薛淑靜。

# 民國三十三年（1944 年）

## 1月1日

洋縣各界舉行慶祝，情形頗熱烈。

國府昨日明令授勳，余得一三等景星勳章，自問有何勳可言，受之慚愧。監察院同人授勳共十七人，苗告寶、王德卿、李子韶均與焉。

淑靜由城固學校回洋縣。

## 1月2日

接王德卿先生由西安來函，謂近來生活頗困難並附近作兩章（六五生辰自壽）。

其一：

> 六五年華感逝波，一身事業半蹉跎，
> 劫餘剩有鬚眉在，老廢將如耳目何，
> 國難方憂柴米光，家貧漫詡子孫多，
> 鄉音久斷增鄉思，幾度生辰客裡過。

其二，

> 時亂年荒波復波，那堪身世更蹉跎，
> 俸錢月給貧仍甚，倉雅日尋腐若何，
> 奔走連年成績少，流亡載道慘情多，
> 故園東望餘烽火，一水盈盈未許過。

余步原韻奉和一章：

> 世路不平水上波，漫嗟事策更蹉跎，

風塵工部身猶健，詩酒香山樂若何，

入眼乾坤形勢換，著書田里歲年多，

官軍待報收三晉，一曲黃流攜手過。


國立七中楊校長面約為該校作春聯兩付，

其一：

捷報傳江南，慶國運與歲序同新，人展北獸宏氣象；

絃歌聞漢上，喜英才如雲霞蔚起，天留餘地興中華。


其二：

血戰衛文明，七載興師，神州自此開新運；

歡歌迎勝利，四強攜手，世界於今兆大同。


# 1月3日

接李蔭翹監察使函，日前過蘭州曾晤翟義媛女士，己生二子，徐娘半老矣。


# 1月8日

衍民隨其二舅張薪洲先生由洋縣赴陝縣省母。

接李子韶先生函，方克柔病歿浙西，殊可傷。

接胡瑞之函，水成由家抵西安，河東敵人統制糧食，收麥盡劫去，大家小戶均食雜糧，且多不得一飽。

【按：1月9日起至2月28日，未記日記。此後
　　日記亦斷續記之。】

## 3月1日

接任靜波函，約遊聖水寺，謂寺始建於漢時，今尚留漢桂一株，二千年前古物也。並附詩三章，

其一：

騁懷造高峰，長嘯歌大風，陰雲四面合，舉目無晴空，顧覽家何在，憤懣起五中，十年磨利劍，應向倭奴橫。

（登聖水寺後山有感）

其二：

聖水千年寺，靈泉五色奇，清淨參禪地，醞釀殺倭聲。

（詠聖水寺，自注此寺現為軍校借用）

其三：

漢桂生蒼勁，枝柯滿佛庭，輪囷占國運，萬古旦常青。

（詠聖水寺漢桂）

## 3月6日

孔堯天君來訪，孔現任佛坪縣長，新由西安來，將經洋縣回佛坪。

## 3月11日

決定將家移居城固，本日父親與崇文先行，余與青葉留洋縣收拾行李。

## 3月18日

與青葉赴城固。

# 3月27日

余離洋縣前，諸同鄉特設宴祖餞，頃函楊耀先校長
致謝，並附抄留別詩一章，詩云：

十年奔走慚書劍，萬里北歸托比鄰，
等是無家勞慰問，暫仍作客總相親，
異鄉設教多賢士，亂世安貧見素真，
尊酒春風今送我，莫將淚灑漢江濱。

## 4月3日

偕楊耀先赴漢中，寓中央銀行。

## 4月9日

由漢中返城固。

接四弟郁琦函，重慶近來物價波動又甚巨。

接田聖青先生訃聞，近遭父喪，由郵局案去挽聯一付，文曰：

> 力田不忘讀書，教子成名留世範；
>
> 為人不念舊惡，存心以厚□鄉評。

## 4月16日

呂秦珍、解漢卿抵城固，漢卿赴洛陽，余送至車站。

近閱四川富順李宗吾君所著厚黑學，內對於戰後經濟制度主張土地、機器應一併收歸國有，銀行與國際貿易亦不許私人經營，以實現民生主義，不為無見。在政治上對國家拔取人才，應屬行考試制度，主張打破現行學制，每屆小學、中學及大學舉行畢業考試時，在校生、私塾生、自修生，一體與試，不問學年，不問年齡，只問程度。又閱李君所著「中國學術之趨勢」，其大意謂我國學術最發達有兩個時期，第一為周秦諸子，第二為趙宋諸儒，前者為中國學術獨立發展時期，後者為中國與印度融合時期；前者以老子為代表，後者以程明道為代表，並謂用老子學術將來以將中國、印度、西洋三方學術溝通為一。（即一部道德經，可以貫通中、

印、西三方學術）

## 4 月 20 日

敵機七架襲南鄭，在南關投彈，頗有死傷。

## 4 月 21 日

敵機又襲南鄭，在飛機場投彈。

近接王德卿先生新任監察院巡一團主任委員，何基鴻貪婪誕妄，卑污苟賤為同所不齒，多請求辭職，此事殊出人意料。

## 4 月 22 日

下午往與曹覺民談，歸時借李宗吾著心理與力學一冊。

## 4 月 23 日

心理與力學閱完，大意謂人之性靈由磁電轉變而來（係依據科學上物質不滅，能力不滅之定律）。人之心理依力學規律而變化，西人以力學規律施之於物理上，中國古人以力學規律施之於人事上，周易、老子（通於牛頓）、莊子（通於愛因斯坦）、孔孟及其他諸子與宋明理學諸家無不含有力學原理，至其批評達爾文之互競說，其流弊為互相衝突，克魯泡特金之互助說，其流弊為互相依賴，故創為合力說（合力主義），其論文亦頗新奇可喜。

## 4 月 24 日

又向曹覺民借新原人一冊（馮友蘭著），文頗枝蔓難讀。

## 4 月 25 日

報載河南敵人由十八日起進犯鄭州，連日正激戰。

## 4 月 27 日

偕張應辰君赴良馬寺訪常希瑗，下午仍城固。

## 4 月 28 日

接新生函，已在資源委員會中央電工器材廠重慶辦事處任職員，新生已改名新城。

## 5月1日

軍訊，敵人自上月十八日在中原蠢動，近日戰事益擴大，聞敵廣貼標語「打通平漢線，活捉湯恩伯」。

## 5月15日

中原戰事情形益嚴重，洛陽恐將不守，日前曾去函探詢劉慎堂消息，尚未得覆。

## 5月26日

洛陽有失守說。

## 5月27日

洛陽淪於敵手，已在報上証實，敵又西犯盧氏，又聞嵩縣淪陷時，河南大學損失甚大。

## 5月30日

近日讀美人威爾基所著天下一家，主張此次戰爭同盟國家，不惟要求勝利，且要求戰後之真正和平，故戰後應有一健全之國際機構，美國亦不可再蹈第一次大戰後之覆轍，取孤立主義，並謂人類應均有自由，不宜因種族與膚色之不同而相互歧視。

## 6月1日

義大利戰事又起，盟軍進攻羅馬。

## 6月6日

義大利德軍敗退，盟軍佔領羅馬。

## 6月7日

同盟軍在法國諾曼第半島一帶登陸，歐洲第二戰場開闢。

## 6月11日

德卿函，李蔭翹、劉慎堂携眷由豫西步行脫險，已抵西安，並謂敵人由靈寶向西南進犯，西安疏散人口，渠擬隨巡察團赴平涼。

## 6月16日

日前接姚容軒函，上月十二中全會決議，慰留于院長並將派人至成都請其回院。

美超級空中堡壘約二十架昨日襲日本本土轟炸九州工廠區，係由成都起飛，此為世界空襲航程之最遠者。

美軍在太平洋馬利亞納羣島之塞班島登陸，此為太平洋戰爭中一件大事，日本本土已在空軍半徑航程以內，日本認為情勢極端嚴重。

荀子已閱完。

## 6月20日

接德卿函，靈寶敵人東退，西安人心已定，且交通困難，中止赴平涼。

接劉慎堂函，河南監察史署職員尚有廿餘人未脫險。

## 6月24日

紹文不辭而去，聞已赴西安。

## 6月27日

接李子韶函，中央曾派狄膺、苗告寶赴成都迎于院長回院，惟于院長仍無表示，僅聞有函致蔣主席，內容未詳。

長沙已淪陷，戰事移至衡陽附近。

接倪公輔函，軍巡團委員任期又延長半年。

## 6月30日

于院長於赴成都前（二月間）曾作新詞，題為山洞小園調寄沅溪沙，茲錄於後：

歌樂山頭雲半遮，老鷹岩上日將斜，清琴遠遠起誰家，
依舊小園迷燕子，幾番春雨凍桐花，王孫綠草又天涯。

自製新詞苦未工，山川清響古無同，沉思前事更朦朧，
化作青龍蟠左右，關連玉壘護西東，歸舟知趁幾番風。

## 7月1日

接關蘊中委員函，証實軍巡團委員延期半年，余隨覆一函，無意再赴桂林。

## 7月11日

聞留西安監察委員與童、李、高監察使電于院長，[45] 請求積極態度，如有主張可明白宣佈。（王德卿委員來函所云）

## 7月17日

報載塞班島為美軍完全佔領，此為太平洋戰事之轉捩點，日本本土從此不得安全矣。

## 7月20日

接劉慎堂函，于院長給留西安各監察委員有覆電，大意謂「朝無關事，我實病夫公開闖退，正所以利抗戰建國也，有何主張須明白宣佈乎，昔之謀國每焚諫草，我本黨中常委非新聞記者也，鄉邦父老如有責之，請以此語告之」，觀此則其辭意仍未打消也。

## 7月21日

讀大公報蕭乾君旅歐通訊內有一段，畧謂，無論英美承認我們偉大與否，中國在世界的重要，經此歷史的

---

45 童、李、高監察使，分別為晉陝區監察使童冠賢、豫魯區監察使李嗣璁、甘寧青區監察使高一涵。

大變動，是舉世所深信的了，……。並謂英美對於中國
終懼大約不外幾點：「他們怕戰後的中國代替戰前的
日本，怕如日本一般地軍人專政，怕如日本一般地排斥
自由思想，怕如日本般地想作東亞的霸主。」「他們怕
中國由經濟破產而造成中產階級的滅亡，智識分子脊骨
的斷折，因而致命地打擊了民治主義，他們擔心國共的
摩擦，因他們明瞭惟在統一的局面下，自由主義方能滋
長。」「其實英、美對中國的批評只是一個，即中國三
民實行了一民，如三民齊施，中國可以超出資本主義的
英、美，趕過社會主義的蘇聯，三民缺其一二，則中國
縱在民主陣壘，終難逃出法西斯之途……」究竟國際間
對我國批評如何，是否果如蕭君所云，不得而知，姑記
其所言於此。

※　　　　※　　　　※

本月廿九日電監察院，請另派員赴桂林參加軍風紀
第四巡察團工作。

本日接田雲卿函，現在平涼。

## 8月1日

自此日起至十月六日止，迄留城固，無事可記。

## 10月7日

與楊耀先校長由城固起程赴重慶，晚宿南鄭。

## 10月8日

仍留南鄭。

## 10月9日

赴褒城，宿招待所。下午往石門游覽，因革履，舊日棧道不易行，僅隔河相望而已。歸途並參考褒惠渠，同行者為楊耀先、苗祥發。

## 10月10日

赴褒城縣立中學參觀，下午四時該校校長李國君約對學生講話。

## 10月11日

乘白渝聯運車赴廣元，晚宿寧強。

## 10月12日

至廣元，往訪大華紗廠董贊周廠長，留在其寓晚餐。

## 10月13日

換車赴渝，行十餘里車壞晚宿。

## 10月16日

自本日起因天路滑，每日平均車行僅百里，至廿一

日始到渝。

## 10 月 21 日

抵渝，赴監察院謁于院長。寫家信一封，擬明日付郵。

## 10 月 23 日

監察院紀念週，于院長報告，除勗勉同人努力工作外，並謂國民黨五十餘年無日不在奮鬥抗戰中，其目的，即在完成民主政治與國家之自由獨立。

## 10 月 24 日

監察院開院務會議，由于院長主席，討論擬建議中央試行憲法下之監察院，意在將現行監察制度加以修改，決定再開會繼續討論，並決議對於各級民意機關所提供之資料，應特別予以注意。

## 10 月 25 日

報載自二十三日起，菲律濱海面，美、日有大海戰。

## 10 月 26 日

在薛岫東寓，偶遇劉孚若、衛聚賢兩先生，劉新自山西放振歸來，述山西有十餘縣蝗災甚重，擬約同鄉再向中央請振；[46] 衛先生隨導引參觀其印刷廠，並贈近日

---

46 劉盥訓，字孚若，山西猗氏人，時任國民政府立法院立法委員。

作品數種。

## 10 月 27 日
報載菲島海面海戰，日海軍大敗，損失甚重。

## 10 月 28 日
淑靜由青木關來看余，據云希文調滑翔總會服務。

寄家信一件，又寄呂秦珍函一件。

## 11 月 1 日

近日痔疾發，迄未愈，頗感痛苦。

## 11 月 12 日

本日為孫中山先生誕辰，又為中國國民黨建黨五十年，中央合併舉行紀念，並展覽革命史蹟。

## 11 月 13 日

是日晚在監察院遇張溥泉先生（張先生為此次革命史蹟展覽會之主辦人，從各方搜集材料不少，內有黃克強先生所書對兩副，其一文曰「力爭漢上為先著，此復神州第一功」，筆力勁秀，甚似蘇黃），談及曾文正、胡文忠、左文襄諸人，張先生謂時人亦推崇曾、胡之文章經濟，而忿其效忠滿清為民族之罪人也。于院長謂三原朱佛光先生曾評論曾、胡諸人，有八字曰「文章雖佳，題目則差」，允稱至當。

## 11 月 14 日

往訪谷筱峯君於復興關遺愛祠街，隨相偕進城。

桂林、柳州相繼失陷，敵人一路進犯宜山，擬函關蘊中先生，詢問軍巡四團近況。

## 11 月 15 日

天氣始放晴，計自漢中起程迄至重慶以來，連日陰雨，殊悶之。

## 12月1日

楊耀先赴青木關，擬乘商車回洋縣，余赴車站相送，因受風寒，本晚感覺身體不適。

## 12月2日

于院長談監察院戰區第二巡察團主任委員調回，派余前往接任，電報已發出。

## 12月4日

接德卿先生電，催赴西安。

## 12月5日

楊耀先由青木關返，因商車被軍事當局徵用，擬乘聯運車返洋縣，余遂約與同行。

## 12月7日

監察院派余接任第二巡察團主任委員，訓令本日奉到。

## 12月10日

自一日起感冒，近兩日始漸癒。

## 12月14日

上午六時起程赴漢中，同行為楊耀先、蔣守義兩先生，姚容軒、張岫嵐、韓西笙、李致和、希文及四弟均至車站相送，本日晚宿遂寧。

## 12 月 15 日
本日宿太和鎮，屬射洪縣轄，市面頗繁榮。

## 12 月 16 日
車過綿陽未停，晚宿梓潼。

## 12 月 17 日
本日至廣元。

## 12 月 18 日
本日至褒城，寓招待所。

## 12 月 19 日
上午十時赴南鄭，寓中央銀行，下午六時王立齋經理約晚餐。

## 12 月 20 日
由南鄭赴城固，下午三時到達。

## 12 月 21 日
楊耀先由城固赴洋縣，臨行曾供給意見數點，希其回校後改變作風，以收拾渙散之人心。

## 12 月 27 日
乘西北製造廠車赴寶雞，晚宿褒城。

## 12 月 28 日

本日過廟台子往留侯廟遊覽，晚宿酒奠閣。

## 12 月 29 日

晚八時至寶鷄，本日午車過雙石舖，停留時間稍長，至黃牛舖時，天色漸黑，路近秦嶺，嶺上積雪未消，且有風，故陡覺寒甚，車過秦嶺，暮色蒼茫，路微可辨，不敢快開，數十里至山下，余始放心，路入平原，雲中月光透露，車行始快，俄見燈光點點，已至寶鷄縣城矣。

## 12 月 30 日

早六時乘火車赴西安，下午三時許到達。劉慎堂、張紹先兩君在車站相接，偕至陳家巷巡察團辦事處，隨王德卿委員約至天錫樓便餐，晚宿團內。

## 12 月 31 日

本日為除夕，余出門訪張仲陶諸鄉友。是日早，慎堂約往晉品香食頭腦，此純為太原味矣。

電于院長已到西安任事。

回憶一年來，余個人因居漢中八閱月，毫無工作可言，愧對國家，原意如果于院長決然引去，不再回院，亦即呈請辭監察委員，祇因國事敗壞，政治迄未能走上軌道，不願再濫竽充數，貽誤國事也。後以于院長回渝，遂亦由漢中赴重慶，一觀形勢，適中央各部大更

動，力圖刷新，余又奉新命赴北方工作，因思戰事已至
最後階段，故鄉收復有望，又不得不努力以赴，共促勝
利之早日來臨也。至於國際方面，盟軍在諾曼第半島登
陸成功後，歐洲戰事進行甚順利，德寇之失敗已為期不
遠，太平洋自美軍在菲律賓之雷夷泰島登陸，肅清日
軍，其附近海戰，日軍又大敗，美空軍復接連不斷轟炸
日本本土，恐德國一投降，日本亦必緊隨其後，走入同
一命運矣。況滇緬路將重開，物資運入我國，可將我國
軍隊力量增強，及時反攻，更可促日寇之早日失敗也。
今值民國三十三年之最後一日，回憶往事，畧記於此，
並為新歲之新詞。

# 民國三十四年（1945 年）

## 1月1日

早八時巡察團同人舉行團拜，旋赴青年食堂家聚餐，余與王、谷兩委員並往軍風巡察團、山陝監察使署、陝西審計處訪樊主任、童監察使、蔡處長。

## 1月2日

電于院長，劉慎堂秘書昨日到團任事。

## 1月3日

張仲陶約午餐，席間遇同鄉鍾鳳祥先生，係新自淪陷區逃出，並與朱永堂夫人晤談，其母家與吾家同居一巷，昔年幾日日見面，今已不相識，因三十年來，余流寓他鄉，故里親支反多生疏，思之有無限感慨也。

## 1月6日

谷委員與張子敬幹事赴豫南視察。

## 1月7日

電于院長，谷委員率員工赴豫南視察。

接于院長電，對於難民之救濟與傷兵之安置，宜特別注意。（按此電係五日收到）

## 1月14日

陝省青年從軍頗踴躍，集中省垣者已逾八千人，惟

不幸十三日晚在劇場與軍隊發生衝突，死傷數人。

## 1 月 15 日

派房專員調查青年與軍隊衝突情形。

## 1 月 16 日

電于院長，陝省從軍青年與駐軍一〇九師朱先墀部隊發生衝突，青年被刺傷二人、槍傷三人，其中一人已死，失蹤二人，已面囑省府祝主席妥速處理，以免再生枝節。

下午二時與王德卿委員往軍巡團開坐談會。

## 1 月 17 日

本團開會決定本年工作計劃，並呈報監院備案。

## 1 月 18 日

本日未出門，此為到西安後之第一次。

## 1 月 19 日

許海仙來訪，同出早餐，以鄧建侯新自山西克難坡（在吉縣）來，往訪未晤。

## 1 月 23 日

與房專員赴三原巡察，上午十二時許到達，下午往訪馬文彥君。

## 1 月 24 日

赴斗口農場參觀，劉露棠現任場長，導往各處游覽，並謁王陸一先生墓。

## 1 月 27 日

三日來分赴各機關視察，並乘便分訪各舊友。

## 1 月 28 日

赴三原東關外義園，往祭二舅父敬軒先生，二舅父逝世將及三年矣，自二十七年西安別後，竟成永訣。

## 1 月 29 日

由三原赴涇陽，寓縣參議會，議長王菩僧與參議員高蘭亭、李靜菴均監察院舊同事也。

## 1 月 30 日

分赴各機關視察，縣長趙芷青新到任。

## 1 月 31 日

天雨雪，氣候驟寒。

## 2月1日

往涇陽城北參觀涇干中學，高蘭亭先生近年所創辦也，余友尉之嘉任國文教員，隨又參觀趙仲明君之毛織廠。

## 2月2日

由涇陽赴咸陽，乘轎車至永樂店轉乘火車，雪霽天晴，野間景色頗可觀。

## 2月4日

連日視察各機關、軍醫院及難民區，第十區專員趙寓心、縣長劉法鈺均青年有為。

## 2月5日

返西安。

## 2月6日

電于院長報告巡察經過大概情形。

## 2月10日

谷岐山委員由河南返西安。[47]

---

47 谷鳳翔，號岐山，時任國民政府監察院監察委員。

### 3 月 16 日

與王德卿委員、竇幹事赴臨潼視察，下午五時到達，寓華清池旅行社。

### 3 月 17 日

視察各機關。

張佐之院長由華陰來，係為同鄉李芳君主婚，並約余與王委員兩人証婚。

### 3 月 18 日

出席縣政府聯合紀念週，余與王委員分別講話。

### 3 月 19 日

與王委員視察花紗布管制局等機關。

### 3 月 20 日

由臨潼赴渭南，天雨車又誤點，晚八時始到。

### 3 月 21 日

視察渭南各機關，余十六年曾任渭南縣長，屈指經十八寒暑焉。

### 3 月 22 日

繼續視察各機關。

## 3月23日

余一人返西安，王委員擬乘下午車，轉赴河南閿鄉、靈寶視察。

相文由城固來西安，數月來因病休學，來此醫療。

## 3月31日

王委員、寶幹事由閿鄉返，因前方戒嚴未赴靈寶，自本月二十一日，敵又在豫南、豫西肆擾，日來正激戰。

## 4月1日

美軍登陸琉球島。

## 4月5日

蘇聯通知日本廢棄中立協定，從此太平洋與遠東大陸形勢又一變。

## 4月7日

往弔王宏先先生之母喪，並送輓聯一付，文曰：

與令郎共事多年久仰高封鮓訓，

恨我輩羈身異地空懷靈次斯芻心。

## 4月21日

童監察使來訪，童新由重慶返西安。

函父親及青葉準備來西安，並電郁琦宜早回城固。

又函于院長祝壽。

## 5月8日

德國投降，歐洲戰事宣告結束。

## 5月14日

張耀宗由漢中來西安，謂崇文將車票購妥，十六日由南鄭起程來西安。

## 5月18日

父親、青葉、崇文抵西安，行李大都分帶來，餘已變賣，此次係在南鄭乘商車，乘客尚不多。

## 5月19日

報載消息，六全大會即將閉幕，中委新名額共為四百六十人較前倍增，余於本月一日接于院長電，中常會決議派余為列席代表，因無便機，至五月大會開幕未能起程。十一日接第一戰區長官司令部副官處通知有便機飛渝，遂携行李至飛機場，始知係飛往成都，非直接至渝者。聞大會十日閉幕，恐趕不及，遂又中止，初不知大會會期竟延長數日也。

## 6 月 10 日

谷岐山委員、張子敬幹事赴第二行政區耀縣、同官及淳化視察，並調查專員梁幹喬被控案。

## 6 月 21 日

谷委員返西安，梁專員被控各點經查屬實。

## 6 月 22 日

大琉球島戰事結束，日軍敗沒。

## 6 月 26 日

美國舊金山聯合國安全會議圓滿結束，世界聯合國新憲章成立。

## 7月2日

赴軍風紀第五巡察團開座談會，散會後與童監察使約，決定對梁專員違法貪污提起彈劾。

## 7月7日

第四屆國民參政會在渝開會。

## 7月16日

美總統杜魯門、英首相邱吉爾分途乘機赴柏林，與蘇聯委員長開三巨頭軍議，會址在波茨坦皇宮。

## 7月25日

邱吉爾因英國大揭曉，由柏林返英，三巨頭會議暫停。

## 7月27日

英大選結果，保守黨失敗，工黨勝利，工黨領袖阿特里繼邱吉爾為首相，就職後仍赴柏林繼續開會。

## 7月28日

中、美、英三領袖（在波茨坦發出）發表公告，促日本無條件投降，共分十三點：

（1）余等美國總統、中國國民政府主席及英國首相，代表余等億萬國民，業已會商並同意對日本應予以機會以結束此次戰爭；

（2）美國、英帝國及中國之龐大陸海空部隊業已增

　　　　強多倍，其由西方調來之軍隊及空軍，即將予
　　　　日本以最後之打擊，彼等之武力，受所有聯合
　　　　國之決心之支持及鼓勵，對日作戰，不至其停
　　　　止抵抗不止；

（3）德國無效果及無意識抵抗，全世界激起之自由人
　　　　之力量，所得之結果彰彰在前，可為日本人民
　　　　之殷鑒，此種力量，當其對付抵抗之納粹時，
　　　　不得不將德國人民全體之土地工業及其生活方
　　　　式，摧殘殆盡，但現在集中對付日本之力量，
　　　　則較之更為龐大，不可衡量，吾等之軍力，加以
　　　　吾人之堅決意志為後盾，若予以全部實施，必
　　　　將使日本軍隊完全毀滅，無可逃避，而日本之
　　　　本土亦必終歸全部殘毀；

（4）現時業已到來，日本必須決定一途，其將繼續
　　　　受其一意孤行，計算錯誤，使日本帝國陷於完
　　　　全毀滅之境之軍人統制，抑或走向理智之路；

（5）以下為吾人之條件，吾人決不更改，亦無其他
　　　　另一方式，猶豫遷延，更為吾人所不容許；

（6）欺騙及錯誤領導日本人民，使其妄欲征服世界
　　　　之威權及勢力，必須永久剔除，蓋吾人堅持非
　　　　將負責之窮兵黷武主義驅出世界，則和平安全
　　　　及正義之新秩序，暫不可能；

（7）直到如此之新秩序成立時，乃直至日本製造戰
　　　　爭之力量業已毀滅，有確實可信之證據時，日
　　　　本領土經盟國之指定，必須佔領，俾吾人在此
　　　　陳述之目的，得以完成；

（8）開羅宣言之條件，必將實施，而日本之主權，必將限於本州、北海道、九州、四國及吾人所決定其他小島之內；

（9）日本軍隊完全解除武裝以後，將被允許返其家鄉，得有和平及生產生活之機會；

（10）吾人無意奴役日本民族或消滅其國家，但另於戰罪人犯（包括虐待吾人俘虜者在內），將處以法律之裁判，日本政府必須將阻止日本人民民主趨勢之復興及增強之所有障礙，予以消除，言論、宗教及思想自由，以及對於基本人權之重視，必須成立；

（11）日本將被許維持其經濟所必須及可以償付貨物賠款之工業，但可以使其重新武裝作戰之工業不在其內，為此目的，可准其獲得原料，以別於統制原料，日本最後參加國際貿易關係，當可准許；

（12）上述目的達到及依據日本人民自由表示之意志成立一傾向和平及負責任之政府後，同盟國佔領軍隊當即撤退；

（13）吾人通告日本政府，立即宣佈所有日本武裝部隊無條件投降，並將此種行動有意實施予以適當之各項保證，除此一途，日本即將迅速完全毀滅。

## 8月7日

昨日美機轟炸日本廣島，初次使用原子彈，該城三分之二被毀，敵承認損害甚大。按原子彈係最近發明秘密武器之一，其威力甚大，發明人為美國加利福尼亞大學教授勞林斯及奧本海穆爾，勞氏研究原子曾得諾貝爾獎金，勞氏稱原子彈，可以縮短戰爭。

## 8月9日

本日蘇聯對日本宣戰，本日午夜蘇軍已在滿洲東部發動攻勢。

## 8月10日

日本通知盟國願接受波茨坦三國宣言無條件投降，消息傳至西安，市民自動鳴爆竹，懸旗慶祝。（但日本通知書內要求保留天皇統治權）

## 8月14日

盟國答覆日本要求，天皇須受盟國統帥命令。

## 8月17日

日本答覆盟國指示，表示接受，盟國派美國太平洋陸軍總司令麥克阿塞為統帥，赴日本受降。

## 8月28日

美軍在日本登陸。

## 8月30日

麥克阿塞至日本。

## 9月2日

麥克阿塞在東京灣米蘇里號戰鬥艦上受降，日方投降代表為重光奎及梅津。

## 9月3日

中央通令自本日起全國慶祝三日，我國八年抗戰，至此勝利結束，值得歡樂也。

## 9月6日

赴東關訪通三，是日下午通三由西安返焉。

## 9月7日

天雨，未出門。

## 9月11日

父親偕同王德卿、劉慎堂返里，派崇文相送。下午四時，余送至車站而別。

## 9月17日

接德卿由虞鄉來函，十四日抵虞鄉，地方秩序尚未恢復。

## 9月19日

接父親函，已於十四日平安到家，並謂三弟小女夭折，餘均平安，惟今年秋收恐將來只有半數，鄉間無食之家亦不少，戰後災黎其情至慘。

## 10月2日

接德卿由家來函，夏縣、聞喜等處叛軍肆擾，因兵力不足，交通尚不易維持，且晉南各縣機關雖林立，多無經費，隨意取給於民間，人民負擔過重，急待救濟。

## 10月5日

山西復員協會開會，談及山西收復區狀況，均極關心，遂公推趙友琴理事長、景梅九常務理事致電閻百川，請嚴令制止，電云：克難功成，抗戰結束，罷兵息民，想勞籌計，乃近聞新派縣長等向我晉各縣人民橫索八年欠糧，續征入伍壯丁，稍有違言，輒付鋸刃，以致民怨沸騰，不可終日。竊以此種竭澤而漁之辦法，顯背素持合理負擔之原則，或為蒙蔽鈞聽，矯誣使命，行將斂怨於群眾，而有為淵驅魚之險勢，心所謂危，不敢不告，為此馳電達情，即祈嚴令制止，明佈德意，以蘇民困而解隱憂為禱，云云。

崇文由家返西安。

## 10月9日

德卿、慎堂巡察河東公畢返西安。

## 10月10日

本日國慶，各界舉行慶祝，此為抗戰勝利後之第一次國慶，亦為民國成立以來，最有意義、最感愉快之一次國慶，余因約友數人在家餐敘，以表慶祝之意。

## 10 月 12 日

電于院長，報告王德卿委員返西安。

## 10 月 13 日

續于院長，報告河東情形。

## 10 月 14 日

趙友琴約晚餐，並商談為復員協會籌款事，同席有馮子東、李時齋、梁亨甫、許海仙諸友。

## 10 月 18 日

由西安赴豫巡察，同行為谷委員、劉秘書。晚宿閿底鎮，薛丹一來訪。

## 10 月 19 日

乘汽車赴陝州，下午五時到達，敵人返去時未大破壞，惟太陽渡尚未開渡，南北交通仍阻絕。

## 10 月 20 日

本日抵洛陽，寓社會服務處，擬在視察數日。

## 10 月 28 日

由洛赴鄭州，因火車未通，乘汽車東行至鞏縣宿焉。

洛陽敵人正繳械，繳械後均集中於西工，數九千餘，市上亦時有三五自由活動，尚能守秩序，而我國對敵之寬待，亦可見一斑焉。

## 10月29日

因汽車壞，改騎毛驢至汜水，乘火車至鄭縣，寓豫秦公寓。專員王診光、縣長高晴崙來訪，對收復經過，曾談及，敵人初猶倔強，後知大勢已去始就範。

## 10月30日

下午往訪胡宗南司令長官，詢問第一戰區軍隊前進情形。

## 10月31日

分別視察各機關。

鄭州收復後，軍隊雲集，難民亦多還家，致房屋大不敷用，敵人盤據時，公私房屋被毀甚多，且此時軍事機關過多，紛紛佔用，故旅客、市民均感無房屋可住。

## 11 月 1 日

仍留鄭縣視察。

## 11 月 2 日

黃河橋已修好，火車已通，余等赴新鄉。新鄉為敵人一大據點，新建築不少，民房亦多為敵人改裝為日本式。

## 11 月 3 日

視察各機關。

近日漳河以北因第十一戰區副司令長官高樹勛叛變，馬法五被俘，交通為共產黨破壞，北上國軍受阻，孫仿魯司令長官由平來新，余等往訪，詢問平津收復情形。

## 11 月 8 日

在新鄉工作完竣，乘火車赴開封，寓河南旅社，先後在開封共住十八日，於視察工作完後，原擬赴徐州視察，因交通尚有問題暫中止。

## 11 月 27 日

赴鄭州轉返西安。

## 12月6日

返抵西安。

## 12月8日

赴三原謁于院長。

## 12月9日

于院長約遊斗口農場。

## 12月15日

隨于院長回西安。

## 12月22日

于院長飛返重慶。

# 民國三十五年（1946 年）

## 2月15日

由西安偕尚馨齋回河東，晚宿潼關。

## 2月16日

晨大風，八時過河，乘轎車至兩枝。

## 2月17日

午後 一時抵家，時舊曆正月十六日，村中鑼鼓喧天，似有太平景象，但家家無糧，實則強為歡樂也。

## 2月22日

赴縣城，張翽之、趙通三兩先生同行。

## 2月23日

乘火車赴永濟，晚宿趙村。

## 2月24日

晨七時渡河，晚九時抵西安。

## 3月25日

由西安赴徐州，王、谷兩委員、劉秘書、房專員同
行，原定十四日啟程，因雨交通阻梗未果。

## 4月5日

抵徐州，寓第五兵站總監部招待所。

## 4月6日

專員馮子國、市長駱東藩先後來訪。

## 4月7日

視察各機關。

## 4月8日

訪綏靖公署顧主任，晷談地方情形。

## 4月9日

遊雲龍山，歸賦七律一章。

## 4月10日

赴蕭、沛、豐及銅山縣政府所在地視察，地點在銅山西北鄉親民村及蕭、沛邊境臨黃鎮、韓大樓、許莊等處，舊為游擊根據地，儼然軍事堡壘也。

## 4月11日

風甚大，晚返徐州市。

## 4月16日

近數日來留在徐市視察中央及地方機關。

## 4月19日

電院轉行政院，建議徐州一帶難民甚多，宜速籌救濟辦法。

## 4月20日

讀報載，明人有題布袋和尚詩一首：

大千世界浩茫茫，收拾都將一袋藏，
畢竟有收還有散，放寬些子又何妨。

可發人深省。

## 4月25日

上午十一時由徐州抵南京，下午赴國民大會報到。國民大會已明令延期，延至何日尚不可知。延期原因，係各黨派代表名單未送到，五月五日期迫，其勢來不及也。

## 5月1日

國大代表到京者有二百餘人，連日在中央政治學校開準備會議，均主張請政府仍應從速召開大會，制定憲法。

## 5月5日

本日上午九時，中央各機關在中山陵舉行還都典禮，國大代表亦參加。

## 5月9日

赴上海，寓四弟處。上海繁華較遜戰前，雖富商及有資力者奢侈如舊，而大多數人因物價高漲，生活俱感艱難矣。

## 5月12日

由上海返南京，在上海曾寄家信兩件

## 5月14日

國大準備宣布休會，成立幹事會，辦理大會開會前一切事宜。

## 5月15日

于院長回南京，監察院同仁均到機場歡迎。

近曾往王陸一故宅委婉園一觀，此昔日號稱華麗之住宅，情形為何如。只見室內空曠，門窗多毀，不勝感慨係之，又念室存人亡，雖陸一夫人周女士尚在，而今

昔情勢見異，恐亦未願重居於此矣。其庭簷下有橫匾
一，文曰：長毋相忘之館，為于院長所書，今日思之殆
成讖語。

## 5月19日

上午九時在頤和路監察院新址舉行紀念週，由于院
長主席，按此屋主人為漢奸褚民誼，曾借於汪精衛居
住，今已沒收，由政府撥作監察院院址。

## 5月20日

接王委員、劉秘書十六日抵蚌埠視察。

## 5月23日

監察院（在頤和路）開座談會，決定分區視察首都。

## 6月16日

希文由西安來京，河東、西安家人均平安，甚慰。

## 6月22日

由京赴徐州，晤德卿委員，商結束巡察團事。

## 6月26日

德卿、慎堂由徐州回西安，余仍返京。本日于院長赴迪化。

## 6月28日

晤子韶委員，方知余又奉派參加中央接收清查團，長期奔波仍未小憩，幸為時不多，只好勉強一行耳。

# 清查東北接收物資日記

　　民國三十五年，中央為明瞭各省市接收敵偽物資情形，特組織清查團，余參加赴東北一團，團長為錢公來先生，委員為金靜庵（毓黻）、郭任生、王寒生、王德溥及余數人。八月二日由京起程，在東北約兩月，茲將逐日工作概述如左。

# 民國三十五年（1946 年）

## 8月2日

上午十一時由京明故宮機場起飛，下午三時抵北京西郊機場，李蔭翹監察使乘車來接，同行者有李子韶、李秀生。[48]

## 8月3日

留平，往訪王子才、梁次楣、溫靜庵、侯少白、馮欽哉、續式甫、劉蘊香諸先生。

## 8月4日

仍留北京。

## 8月5日

仍留北平。侯少白、韓振聲來訪，談及山西近況，均對前途不樂觀，因閻錫山所指揮之軍隊，力量薄弱，大同情勢緊張，太原又被包圍，中央援軍恐難及時趕到，且山西政治情形特殊，民間負擔過重，痛苦甚深，民力不可恃，寓京晉籍同鄉曾電閻氏暫停兵農合一辦法，簡化組織，以紓民困，惟料閻氏不能採納，可為一嘆。

---

48 胡伯岳先生於 1946 年 8-9 月奉派參加東北區敵偽物資接收處理清查團工作，遂赴瀋陽、長春、錦州等地，為第一次東北之行。

## 8月6日

余與錢公來團長、郭任生委員由平赴瀋陽，下午六時許抵山海關，因延途不靖，夜不開車，遂宿山海關。

## 8月7日

早八時由山海關出發，下午七時抵瀋陽，分寓鐵道賓館及中蘇聯誼社。

## 8月8日

上午開團務會議，準備開始工作。

## 8月9日

視察瀋陽城內，下午出席記者招待會，某記者報告遼安稅務局長張果為，前任冀熱察綏區財政特派員，曾被糾彈，擬函河北監察使詢查有無其事。

## 8月10日

在鐵道賓館與金毓黻委員詳談團內工作應如進行。

## 8月11日

上午開團務會議，決定調用及聘用人員。下午赴東北黨團同志座談會，對清查團貢獻意見甚多。晚與王寒生委員偕往日本餐館，擬一嘗日本風味，不料仍為我國作法，殊失所望。

## 8月12日

上午大雨。下午參加東北統一接收委員會，聽取報告。

## 8月13日

上午開團務會議。下午，安東省主席高惜冰、黑龍江省主席韓駿傑來訪。據談，日本在遼寧一省之建設（工業）約佔全東北百分之六十，佔日本本國四分之一，蘇聯運走機器物資約佔東北全部百分之四十六強，但現在所接收者實際上恐尚不足百分之二十，餘均損失，殊為可惜。又接收報告已接收之工廠，在瀋陽、錦州、營口、撫順、遼陽、長春六處共計二百四十三廠，內纖維工業八、金屬工業十五、機械器具工業五十七、窰業五十二、化學工業二十一、食料品十三、木製品工業六、製紙紙器印刷工業八、醫藥工業四、礦業十八、雜工業四十一，以上僅接收委員會生產組所接收者，其他部分接收情形尚未得報告。

## 8月14日

上午八─九時開團務會議，十時招集省市黨部、三民主義青年團開會，請其報告：
（一）黨團接收物資情形，
（二）對一般接收之意見。
據聞舊日南滿多處電廠發電量，共約二百二十萬瓩，蘇聯軍退時，將新式發動機運走約一百萬瓩，所餘率多損失，即未損失亦係舊式，年久亦多不適用，以致

現時電力不足，各工廠多不能開工。又聞日軍未投降前，瀋陽日僑約二十八萬人，經陸續遣送，現留者約尚有六萬人，仍在繼續遣送中，初則多不願歸國，近因我國秩序未恢復，心理稍變矣。

## 8月15日

上午八—九時開團務會，十時招集瀋陽各社團及地方士紳開會說明本團所負任務，希望其予以協助。下午分別約集接收委員會經濟、物資兩組，請其報告接收經過情形。

## 8月16日

與金、郭兩委員及經濟組接收人蔡憲元、高澤厚、劉史瓚赴鐵西區視察各工廠接收狀況，共十處：
（一）滿洲自動車廠，
（二）滿洲車輛製造廠，
（三）滿洲化工廠，
（四）石炭液化廠，
（五）奉天製鍊所，
（六）住友機械廠，
（七）美德電球工廠（製鐙泡），
（八）三菱機器廠，
（九）國華製橡膠廠，
（十）滿洲釀酵廠（製糖與酒精）。

規模以前六廠為最大，惟經兩次破壞，重要機器盡為蘇聯搬走，恢復不易，現僅有數廠局部開工。本日上

午九時出發，下午六時返寓。

## 8月17日

王家楨來團報告生產局，接收工廠經過，謂有鑑於各組接收時之互相爭執，致延誤接收日期，中央宜籌妥善辦法，若能事權統一，責任分明，方可免爭執與推諉之弊，而使接收進行迅速，所見甚是。下午約房地產管理處負責人來團談話。

## 8月18日

本日為星期日，下午訪徐、吳兩主席及馬愚忱先生，[49] 並往北陵遊覽。製膠廠副工程師陳珂來訪。

## 8月19日

上午約統一接收委員會各組負責來團談話，詳詢接收經過情形，下午仍繼續查詢。晚齊鐵生先生約晚餐，同席有朱霽青先生，據云此為二十一年來首次回東北。

## 8月20日

上午往國華製膠廠視察，並調閱接收清冊，隨往交通部皇姑屯機廠及材料廠，該廠規模不小，據說僅次於大連機廠，而為關內各省所無，原有工人四千餘人，現有一千六百餘，材料廠有倉庫三十二個，儲存物資甚豐富，種類亦多，可知日本當日以滿鐵為侵畧我國之一重

---

49 馬愚忱，遼寧遼陽人，時任國民參政會參政員。

要組織，故其所經營者，皆以滿鐵名義行之。

## 8月21日

約經濟組接收負責人談話，據報告該組所接收之工廠，比較重要，共二百一十一處（前據王家楨報告，瀋陽大小工廠共一千四百三十八處）。

本日又約國華製膠廠負責人與原交人來團查詢接收經過，並調查該廠內所存物資狀況。

## 8月22日

上午開團務會議。下午約接收總會監察處及遼寧接收分處負責人談話，下午六時金靜庵委員假友人梁馨甫家晚餐，係東北風味，土產高粱、大豆為食品中之主要者。

本日接監察院李秘書長電，張果為在本年四月間監察院有彈劾案。

## 8月23日

上午約統一接收委員會社會、教育、司法、內政各組談話，聽取工作報告，下午錢團長與王委員清查倉庫，余與金、郭兩委員處理團內公文。

## 8月24日

王、郭兩委員赴營口、鞍山、撫順，金委員赴遼陽，清查各地接收情形，余留團處團內事務。

## 8月25日

上午留團批閱人民告發文件，下午李尚友來訪，李，山西林縣人，曾在省黨部服務，現任長春時報社經理。

## 8月26日

與錢團長視察造幣廠、兵工廠、第二監獄。

第二監獄為日人所新建，附設有各種工廠，所存材料尚多，惟現為軍法機關所佔據，司法機關擬交涉歸還法院，其主張甚當。我國政治未上軌道，有力者多不守法，此誠建國前途之大障碍也。

## 8月27日

留團處理公文，下午金委員由遼陽返瀋陽，據談遼陽工廠損害不大，惟該市市長有擅自出租工廠與出售物資情事。

## 8月28日

本日出外查案，發見大德醬園保管人邵英華未經批准，擅自將該廠機器拆除，私自招股開設中興玻璃公司已兩閱月，遂將其移送東北行營辦理。

## 8月29日

派楊幹事隨彭秘書偕同監察處人員出外查案。東北農林協進會借用接收房屋數十間出租營利，已查明屬實，該會負責人康兆庚為農林部專門委員。

　　下午約宣傳部特派員余紀忠談話，當將文化服務社在各處亂佔情事告之，請其予以糾正。

　　王寒生、郭任生兩委員由營口、鞍山返瀋陽，據談營口市長有擅賣接收房屋情事，鞍山原有日人「昭和煉鋼所」規模相當大，僅次於日本八幡煉鋼廠，煉鋼爐大者一次可出鋼七百噸，次者六百噸、五百噸，該廠又另設十一、十二廠在其外圍，均為鋼鐵工業，即係將所煉之鋼，再製成各種成品，工人最多時有十萬，現各廠機器大部被蘇聯運走，或被共產黨破壞，故全部停工，僅尚留有日本技術人員與工人千餘，多為在廠工作年久，學識經驗均好，據表示均願幫助中國復興該廠，能從速修理開工。

## 8月30日

　　王、郭兩委員赴撫順視察，余與幹事楊得為赴鐵西區瀋陽化學工廠查案，因據報告該廠廠長王啟榮、管理股股長朱武臣有隱匿與盜賣物資情事，經查結果，係屬確實，其盜賣者為紙類，其隱匿者為油類香料、顏料，價值均昂貴，且數量亦不小，遂將王、朱兩人扣交接收委員監察處暫行看管，擬即備文送交法院訊辦。瀋陽工廠甚多，其接收與管理人員之舞弊如此類，恐不在少數，此不過發見一兩案而已，政治不能清明，欲望國家進步，實無其理，可嘆！王廠長，吉林雙城人，尚直爽，當時對余說，接收不清不白之處太多，請拿我作個榜樣。

## 8月31日

上午批閱人民報告，下午與錢先生視察工廠四處：

（一）製膠鞋廠，原為韓人所設，現已收回，工人二
百餘，仍為韓人；

（二）氧氣廠；

（三）製油廠；

（四）修理機器廠。

均為遼寧省政府接收經營。

將王啟榮、朱武臣移交法院。

電于院長，將赴長春。

## 9月1日

余與錢先生在團處理公務，批閱人民控告狀，計到
瀋陽以來，共收到報告百餘件。

金、郭、王三委員由撫順返瀋陽。

## 9月2日

發姚容軒、趙善如函各一件。

仍在處理內部事務，並決定將瀋陽清查事務作一結
束，轉赴長春視察。

與熊式輝主任約期會談。

約馬曼青委員來團詢問糧食組接收舞弊情形。

## 9月3日

上午偕王寒生、王立中兩先生赴東陵遊覽。東陵為
滿清太祖努爾哈赤陵，在一山上，比北陵（滿清太宗順
治陵）為高大。東陵東北部近年生一柳樹，其陵園門外
左傍原有一松，形似蓋，老枝橫斜，直當門前，去年枯
死，據守者邵姓云，此兩物一生一枯，皆為滿清大運將
終之兆，近於神話，姑記於此。

下午在團處理公務，並將康兆庚出租保管房產一
案，移送統一接收委員會查辦。

晚七時熊主任約會談，八時杜聿明長官約茶會。

## 9月4日

上午處理團內事務，並約法院檢察官王可名及監察
處楊專員來團商談糧食特派員梁某被控舞弊案，決定送

法院辦理。

下午與張公權先生約會談，藉商東北經濟建設問題
及工廠房產分配及物資處理問題。張亦主張從速辦理，
並謂此間工業人才缺乏，託代向中央請求遣派，又速成
立審計處，以便標售工廠、房產、物資時派員監標，以
上兩事即允向中央代為請求。

## 9月5日

在團清理文件，準備赴長春。

電于院長東北審計處宜早成立，並報告即赴長春。

## 9月6日

上午九時乘柴油特快車赴長春，下午五時到達，寓
東北行營招待所（舊滿鐵總裁公館）。

## 9月7日

上午招集接收分會各組分別談話，詢問接收情形。
下午四時，約新聞界開座談會。

往東北時報社，訪李尚友、徐雲卿。

## 9月8日

上午十時約各法團及地方士紳開座談會。

## 9月9日

上午與金委員視察大陸科學院，現為經濟部接收。
該院創建於民國二十四年，設備尚完善，共有研究室

二十餘，由理工程以至於軍事國防，可見其亦為侵略大
陸之一重要組織，因為共產黨所破壞，現存者僅有原設
備二分之一，但仍為我國他處所不及，即中央研究院亦
難與之比，擬與金委員建議中央，將該院直轄於行政
院，改為中央研究院第一分院，以示重視科學之意。

下午視察糧食部接收之日東三磨粉廠、農林部接收
之牧場。

## 9月10日

本日為農曆中秋節，上午與錢、郭、王、金諸位視
察偽滿建國廟及建國大學，建築均甚壯麗，惜無人保
管，房屋頗有損壞。

下午往訪孫立人、鄭洞國、趙君邁，均未遇。

## 9月11日

上午與金、郭兩委員視察吉林木材廠、火柴廠及倉
庫兩處。

下午視察馬疫研究所、地質調查所，設備尚未有大
損失，圖書亦不少。馬疫研究所在市北寬城子，地基甚
大，房屋係新建築，尚有一部分未完成。長春市即原寬
城子，亦名一道溝，現在之寬城子，亦名二道溝。

發岫嵐函一件。

## 9月12日

上午開團務會議。

下午約接收分會教育組、衛生組、生產組負責人

談話。

　　決定十四日赴永吉。

## 9月13日

　　處理團內事務。

　　赴海上大樓參觀。

　　金委員返瀋陽。

## 9月14日

　　由長春赴永吉，行前赴中央銀行視察，該行建築堅固，與房屋設備據稱為東亞第一。

　　抵永吉後寓松花江招待所，面臨松花江，風景頗佳。

## 9月15日

　　上午赴小豐滿視察發電廠，係利用松花江水力發電，民國二十七年十一月日人開始建築江堤及廠房，現在堤工猶有一部分未完成。據該廠副主任滕君云，日人原準備裝置發電機八部，每部發電量為七萬瓩，共五十六萬瓩，若再擴充，可裝設十部，共發電七十萬瓩，東北全部用電問題可以解決。日本投降後，蘇聯將六部機器運走，現留兩部，供給長春、永吉兩處用電尚有餘，兩處每日僅能用五萬瓩，餘兩萬則放於水中，若能給瀋陽、哈爾濱送電，則兩部機器將同時開動。水堤高九十餘公尺，長一公里，共用經費二億三千萬偽滿幣，工人最多時，每日有五萬人，前後傷亡及死於江中者約四千人，其代價可謂巨矣。機器每部約值偽滿幣

二百萬圓，現若欲裝修，只要國外機器能購運，亦不成困難。余往堤上參觀，只見堤之上游兩山谷間，成一大水湖，據說湖面廣約五百五十萬方公里（？），深入谷中約三百萬里（？），廠內主要機工人員，現仍留用日人。堤之南端有水門十，江水傾瀉而下，有如滾雪，聲聞數里，亦一奇觀也。

下午視察人造石油廠、電氣化學廠，均遭破壞，僅化學廠一部分復工，能煉焦、製電石及黃燐三者而已，現歸吉林省政府經營。

## 9 月 16 日

上午約接收各組負責人開座談會，詢問接收情形。下午視察造紙、製粉及火柴工廠。

## 9 月 17 日

派秘書、幹事分頭調查控案。吉林省會大小工廠約一百，省政府接收五十餘處，已開工者二十餘處，以人造石油、電氣化學及洋灰廠為較大，惟均為蘇聯破壞，將重要機器運走矣。

本日並約新聞記者來團說明本團到永吉清查情形，徵詢其對清查意見。

## 9 月 18 日

由永吉返長春，仍寓東北行轅招待所，本日又收到密告四十餘件。

## 9月19日

批閱密告文件，一面並派人分別調查，經發見長春市長趙君邁有侵吞公物國幣一億圓以上之重大嫌。又據監察組趙組長報告，長春電業局偽造帳簿盜賣物資，九台縣縣長非法擅賣糧秣，均經查明屬實。

## 9月20日

繼續派人查案，並結束在長春清查事務，準備返瀋陽。

## 9月21日

由長春返瀋陽，仍柴油輕快車，中途僅在四平街停數分鐘，計開車至到達，共需六小時，仍寓中蘇聯誼社。

接岫嵐、四弟、希文函各一件，崇文已於上月二十二日在西安訂婚，相文考取上海大同大學。

## 9月22日

據統一接收委員會專員劉惠民報告，在鐵嶺調查粮食特派員辦事處非法賣粮舞弊，及虛報搬運機器費用八萬圓兩案，決定將調查報告移送瀋陽地方法院辦理。

發岫嵐、德卿、慎堂、青葉、崇文函各一件。

電于院長已返瀋陽。

## 9月23日

上午開團務會議，決定二十六日赴錦州。下午偕

金、郭兩委員再遊東陵。

## 9月24日

本日清理團內未結事件。

## 9月25日

繼續清理團內未結事件，忙了一日。

## 9月26日

上午十一時赴錦州，下午七時到達，同行者為錢、金、郭、劉、彭諸先生。

## 9月27日

上午約各接收人員談話，詳詢接收情形，下午視察鐵路器材廠、合成燃料廠、煤氣廠、紡紗廠。

## 9月28日

由錦州返北平，金委員返瀋陽。

## 9月29日

在平諸友假中山公園中山紀念堂為武勉之將軍開追悼會，余亦參加，下午十與李蔭翹兄遊北海，[50] 晚往訪趙明甫。

---

50 李蔭翹，李嗣聰，時任河北監察使。

## 9月30日

上午辦理清查報告，下午與錢、郭兩先生訪李蔭魁，晷詢平津清查團結束情形。

接父親函謂農曆七月間雖患病十餘日，現已痊愈。余常奔走於外，親老不能侍養，有虧子道深矣，又接慎堂函，監察院巡察團事務結束清楚。

以上略記兩月間清查東北接收物資情形。

# 第二次赴東北視察日記

　　抗戰勝利後，全國各省多已設置監察使，行使監察權，以期政治能日見清明，東北新光復，監察院認為監察使一時未能設置。該區情況隔閡，有臨時派員前往視察之必要，此余所以有第二次東北之行，茲概略記之。

　　三十六年春余奉監察院令派赴東北巡察，預定為期三個月，同行者，有楊鏡如、吳學衡。

# 民國三十六年（1947 年）

## 3 月 30 日

由南京先赴上海，擬乘船前往。

## 4月1日

乘錫麟號輪船由上海黃浦碼頭啟碇，四弟仰琦到碼頭送行。

## 4月4日

抵天津，寓河北監察使署駐津辦事處。

## 4月9日

上午九時乘平瀋通車赴瀋陽，是晚行至錦州車停開，即宿車上。

## 4月10日

上午十一時抵瀋陽，寓中蘇聯誼社。

## 4月11日

赴遼寧省政府訪徐主席，[51] 暨詢省政施行情形。嗣應杜聿明長官，談半小時。

## 4月12日

赴瀋陽市政府視察，對東北近來一般情形，均談及。

## 4月13日

應金靜庵先生約由中蘇聯社移居博物館。[52]

---

51 遼寧省政府主席徐箴。

52 金靜庵，金毓黻，時任瀋陽博物館籌備委員會主任，曾任監察院監察委員，與先生同奉派參加東北區敵偽物資接收處理清查團工作。

## 4 月 14 日

上午訪東北行轅熊主任，[53] 渠希望監察院對東北各省之監察工作，能嚴厲推行，對余之往各處視察並願派員相助，余以後者格於法令恐有不便，婉謝之。

## 4 月 15 日

派楊鏡如、吳學衡兩君分別查案，余往東北財政金融特派員辦事處監視彌封試卷。

## 4 月 16 日至 19 日

分別視察遼寧省政府民、財、建、教各廳，生產局、房地產局、鐵路局、瀋陽縣政府。

## 4 月 20 日至 23 日

特種稅務人員考試，瀋陽區二十一日如期舉行，余奉派監試，應考者共三十二人，女子僅一人，考試終場者僅三十人，電監察院報告考試經過情形。

## 4 月 24 日

上午赴警備司令部訪趙家驤司令未晤，返寓。午，某君來談東北最近情形，有數事值得注意：

（一）貨運黑市，鐵路運輸對於商人運貨運費發生黑市，每車竟有收五十萬流通券者；

（二）各種補貼數字太大，增加國庫支出；

---

53 國民政府主席東北行轅主任熊式輝。

（三）敵偽物資變賣價格尚有未照規定繳庫者；

（四）應加緊變賣敵偽工廠房產；

（五）糧價暴漲影響民生。

## 4月25日

派楊鏡如、吳學衡赴食調節委員會調查食糧售價情形。

王省三、王星舟來訪。

## 4月26日

本日上下午均訪友。

## 4月27日

本日星期日與金靜庵、楊鏡如、吳君平[54] 往北陵遊覽，昨日大風，今日止，天氣似有意助興也。歸途往東北大學參觀，臧校長因公赴京，[55] 晤代校長樊哲民先生。返寓後，賦五律兩章，以誌勝遊：

（一）

乘興昭陵去，登高一望空，如雲喧少女，似水走青驄，羈旅天涯遠，勝遊友好同，馳車城北道，回想意無窮。

---

54 吳學衡，字君平。

55 東北大學校長臧啟芳。

（二）

滿目松林翠，春來更鬱然，和風欣浩蕩，麗景佇流連，
草色生芳陌，柳條鎖碧煙，物華看不厭，重約待明年。

## 4月28日

上午往東北救濟分署視察。下午派楊鏡如、吳君平
往該署查案。

## 4月29日

分訪馮庸、馬毅兩先生，詢其對地方施政有何意見。

## 4月30日

本日在寓整理視察報告，下午進城訪友。

## 5月1日

往警察局訪劉欣生，並同往訪張丹青。張，解縣新
□□，素不相識。

此次視察東北，擬就下列事項，作一概略調查：

（一）地方自治之推進情形；

（二）財政金融之設施，稅收之整理，及減免租賦情形；

（三）交通運輸之改善情形；

（四）農業生產及其改善情形；

（五）公營事業辦理情形；

（六）建設事業辦理情形；

（七）教育之改進及失學失業之青年救濟情形；

（八）善後救濟實施情形；

（九）復員官兵安置計劃實施情形；

（十）其他臨時發生之重要事項。

## 5月2日

上午訪馬愚忱先生，查詢白金案發生經過情形。

下午徐雲卿夫婦來訪，留晚餐。

## 5月3日

繼續調查白金案。同鄉會約晚餐。

## 5月4日

派楊鏡如專員往房地產管理局，調查遼陽人民控告
遼陽房地產管理所舞弊案。

## 5月5日

房地產管理總局宋副局長來報告遼陽房地產管理局被控經過情形。

## 5月6日

派楊鏡如往法院查案。

本日立夏，金靜庵先生賦七律一首茲錄於後：

遊北陵歸未久，忽報春去夏來，賦呈同遊

久客方知節候非，還鄉無語立斜暉，

綈袍未換夏先至，桃李初華春已歸。

北郭雲深松待翦，東園人去柳成圍，

隔垣欲訊同游侶，何事芳時畫掩扉。

（自注北陵東有東園，為隱士李西舊居）

## 5月7日

余近患目疾，紅腫疼痛頗嚴重。

徐雲卿夫婦來訪，徐夫人雖非醫師，惟對醫治赤腫眼疾尚有經驗，為余治療兩次，甚見效。

## 5月8日

上午八時由瀋陽乘火車赴安東，下午六持抵達。安東隔鴨綠江與朝鮮新義州相望，江山形勢頗佳，安東於清光緒二年始設縣治，據縣志載，唐堯時為青州之域。虞舜時屬營州。夏復九州，仍屬青州。周為朝鮮界，濊貊居之，戰國屬燕。秦屬遼東郡。漢初屬燕國，漢武帝

元朔元年，以其地置滄海郡，三年罷之，元封三年平朝鮮，置真番、臨屯、樂浪、玄菟四郡，屬玄菟，漢末公孫度據遼東，自號平州牧，縣境屬之。魏屬平州，後合為幽州。晉隸平州，東晉太興二年為慕容廆所據，太和五年屬符堅，太元十年屬慕容垂，尋屬高句麗，後魏國均屬高句麗。隋屬高麗慶州地。唐初平高麗屬安東都護府，後屬渤海為東京龍原府。五代後唐時，仍屬渤海，明宗天成三年，契丹陷平州，又陷營州，地遂入於遼。遼初隸東平郡，後置開封府開遠軍，尋更名鎮國軍，屬東京道。金石城縣地屬東京路，金史、朝鮮史備載之，是鴨綠江為中高國界自金太祖始。元屬東寧路。明為宣城衛暨鎮江堡地，屬遼東都指揮使司。清初與朝鮮以鴨綠江為界，為邊外巡防地屬岫巖守官，乾隆三十七年隸岫巖城理事通判，道光七年改為岫巖鳳凰城海防通判轄境，光緒二年析大東溝以東至靉河地置安東縣鳳凰廳。中華民國因之屬東邊道。

**安東八景**（附李洵八景詩）

（一）寶山遠眺（即元寶山）

巖巖高百仞，臨眺豁雙眸，市井華夷界，江山新舊州，煙雲過眼底，風景注心頭，不盡蒼茫處，三韓入望秋。

（二）頂岐煙巒（山在縣西北四十里）

不辨層巒數，油然觸石生，雲容分靉靆，山勢失崢嶸，絕頂終陰雨，環峰自晚晴，此間雲秀氣，遠指九連城。

（城在縣東）

（三）虎耳雙峰（縣東北三十里）

誰料龍頭外，天生虎平巍，山川留戰蹟，風雨助神威，
對峙分青靄，爭奇出翠微，東陲資保障，莫更失兵機。

（四）浪頭三疊（縣西南三十里，鴨綠江至此成一港
　　　灣，汽船多停泊於此）

長江流不盡，日夜水西奔，海氣來番舶，潮聲瀉禹門，
銀濤兩岸吼，雪浪萬堆翻，更有錢塘好，雲霞縹緲屯。

（五）鴨江帆影

春水漲江潮，煙波盪萬橈，船如天上望，帆入鏡中飄，
泛月斜蘆岸，乘風掠鐵橋，順流銜接去，幾點指迢迢。

（六）小寺桃林（寺在縣西一百一十里）

環山無雜樹，可有武陵人，採藥逢仙境，看花避俗塵，
春藏黃海滋，豔山綠江濱，不識桃源路，何妨一問津。

（七）古詞鐘聲（朝陽寺在縣西六十五里）

祇有荒祠跡，雲深何處鐘，村邊搜斷碣，石畔倚孤松，
入耳非凡響。窮形無定蹤，聲希僧不見，回首暮煙封。

（八）公園疊翠（元寶公園在市區）

未覽公園勝，誰知夏日佳，蔥蘢多古木，蒼翠滴層厓，
綠泉環山抱，青木對閭排，杏花村外好，深柳築書齋。

　　安東特產為木材、柞蠶絲，鴨綠江及附近海中盛產

魚蝦，余來適值龍蝦上市，遂得飽餐。

## 5月9日至12日

分別視察安東各機關，十日並被邀至法院講話，以守法精神與維持法院之尊嚴相勉勵。

## 5月13日至15日

視察接收各工廠。

## 5月16日

視察安東監獄，並至省訓練團講話，原定本日赴本溪湖，因事未果。

## 5月17日

由安東返遼寧，楊鏡如、吳君平中途在本溪湖下車，視察地方機關，余因監試逕回瀋陽。此次在安東視察前後共八日，省政府暨各機關對於一切設施，尚能努力，樹立一新風氣，省主席高惜冰領導之功也。惟以去年連遭風災、水災、兵災，人民十室九空，目前糧荒最重，余於十二日曾電監察院轉咨行政院應速予救濟。

## 5月18日

星期日，前於赴安東時，曾與高等法院院長李祖慶約定本日辦理司法考試彌封試卷，上午十時法院派車來，十二時竣事。

下午楊鏡如、吳君平由本溪返瀋陽。

接德卿先生函，內附和詩一首，步余與金靜庵先生
原韻，詩曰：

> 計自東郊罷賞梅，幾番折柳大江隈，
> 新詩美酒光蘭館，苦雨淒風冷柏臺，
> 蝶夢追尋何處是，魚書問訊有時來，
> 報君一事君知否，故鄉如今不可回。
> 　　　　　（指閻錫山暴政也）

## 5 月 19 日

上午與李祖慶院長視察第一監獄，監舍正在修理，
內部尚整潔，押犯千餘名，內有日本戰犯六十餘人，有
數名已判死刑。離第一監獄後隨往視察訓練營，即共軍
之被俘者，繼又往故宮圖書館參觀，內藏四庫全書即
所謂文溯閣藏書是也。內有去年在長春接收之宋版書
九十種，為三蘇文粹、資治通鑑、昭明文選、后村居士
集等，及活字版之毛詩等，皆甚珍貴，尤以毛詩為難
得，惜已不全。何以知毛詩為活字版，因蟋蟀章內有一
「自」係橫排也，即「皿」是也，當年活字為何物所製
以成，已不可考，有謂用泥者，不知是否。

## 5 月 20 日

司法官考試，本日如期舉行，余到場監試，應考者
共四十六人。

## 5 月 21 日

仍監試。

## 5 月 22 日

司法官考試，本日順利完竣，電院報告。

## 5 月 23 日至 25 日

整理視察報告。

## 5 月 26 日

遼寧省參議會舉行成立典禮。余應邀觀禮，並以來
賓資格致詞。

## 5 月 27 日

赴撫順視察。上午九時由瀋陽出發，因火車誤點，
下午一時始到，稍息，即往縣政府、鑛務局、生產局視
察，晚寓新生服務社。

## 5 月 28 日

上午赴露天鑛（一名露天掘）、煉油廠、電氣廠等
處視察。露天鑛為世界聞名之鑛產，煤層厚約一百二十
餘公尺，長約十四公里，寬約四公里，開掘已有四十餘
年，以現產量計，尚可採一百二十年，其採法係將鑛
山上部石層揭去，煤自露出，故名曰露天掘。鑛坑深約
三十餘丈，其石層最上者為青石，其次為黃色石，即油
冶岩，為油廠煉油之原料。煉油廠為日人長谷川清治所

設計，現在每日出油六十噸（每一百噸油冶岩出油六噸），其副產品為肥田粉約十噸，惟新廠機器為蘇俄運走，否則今日出油尚不止此也。

下午六時返瀋陽。

## 5月29日

上午東北大學學生馬慶（夏縣人）、胡東鐸（臨晉人）、石琦（平陸人）來訪。

## 5月30日

與楊鏡如往中央銀行視察。

## 5月31日

赴東北大學，應山西學生之邀，參加茶話會。蔣主席昨日來瀋陽，當係策劃東北軍事。

## 6月1日

本日蔣主席回京。

## 6月2日

電于院長報告共軍已越長春南下擾四平街，其目標似在瀋陽。

## 6月3日

往行轅訪董參謀長、胡秘書長。

## 6月4日

派人往行轅問軍事情形，因原計劃即赴遼北、吉林視察也。

## 6月5日

電于院長報告我軍變更戰署，集中力量，保衛瀋陽。

## 6月6日

馬愚忱、韓致千、[56]吳滌愆、[57]吳煥章、[58]關吉玉[59]諸先生約午餐，同席有馬超俊先生。

---

56 韓駿傑，字致千，曾任監察院監察委員，時任黑龍江省政府主席，因情勢變化，由黑龍江至瀋陽。

57 吳瀚濤，字滌愆，與先生同時任職監察院監察委員，時任合江省政府主席，因情勢變化，留守瀋陽，未到任。

58 吳煥章，曾任立法院立法委員，時任興安省政府主席、國民政府主席東北行轅政務委員會委員。

59 關吉玉，時任松江省政府主席、國民政府主席東北行轅經濟委員會主任委員。

## 6月7日

聞國軍及政府機關已自安東撤退，殊出意外。

監察委員崔淑言來訪，崔委員係新自南京來東北，返里省親。

## 6月8日

金靜庵先生約余往訪王維宙先生（樹翰），詢其對於東北軍政意見。

## 6月9日

東北戰事近兩日稍沉寂，共產黨行動飄忽，難覓其主力之所在，國軍仍取守勢，細考此次國軍所以不能積極反擊，固由兵力不足，而無騎兵與官兵精神不協和，亦一大原因。東北為一平原，敵有騎兵而我無之，是敵有所長，我有所短。騎兵行動迅速，易收擾亂與牽制之功，昔日郭松齡之敗，即敗於吳俊陞之騎兵耳。再國軍出關以來，其所補充之新兵，多為地方人，而官長則多南方人，因言語習慣之隔閡，精神不能協和，故作戰力亦因之而弱，且多逃亡，此種弱點若不速改正，我軍事前途殊不利也。

友人王家曾先生約午餐。王為東北人，少有大志，因不滿張作霖之作為，不能見容，遂流亡關內，初在上海習法律，繼至廣州習軍事，堪稱文武全才。民國七年至關中，時于右任先生任靖國軍總司令，王君任參謀，十一年，靖國軍結束，隨于先生至上海，後在新疆任師長。抗戰勝利後，隨杜聿明長官出關，始得返故里。席

間談及東北軍政問題，王君慨然曰，東北局勢恐不可為
矣、余聞之頗詫異，方以為出關國軍，皆為勁旅，何至
危殆到不可為地步。王君徐語余曰，始弟隨軍出關抵錦
州，偽滿軍方面，曾派遣代表來錦州，託弟介紹晉見杜
長官，表示願歸中央收編，為國効力，計官兵人數約有
三十萬，槍械齊全，士兵年齡平均在二十五歲左右，係
由日本人為偽滿所訓練者。當時杜長官以未受中央命
令，未有肯定答復，後來此數十萬人大部為共產黨所收
編，此外所收編地方團隊，又不知有多少。出關國軍雖
皆為勁旅，能打勝戰，但在人數上與形勢上不能相比，
已處於劣勢，若遷延日久，軍事不能解決，前途殊不敢
樂觀也。此一席話，余聞之不禁為之心悸，惟盼王君之
言為過慮耳。

## 6月10日

安東省高惜冰主席來訪，據談五月二十九日，熊主
任電令其到瀋陽面授機宜，稱為保衛瀋陽，不得不放棄
安東，高當即面懇，如此太失人心，請求留一團軍隊，
省政府當令保安隊協同防守，熊亦首肯，高即電安東
辦理。不料至六月三日，熊又召高到行轅，必須照原定
計劃實行，省政府若不遵辦，將來必要時，雖一兵亦難
派往協助。高見情勢又有變化，實出意外，又往謁杜長
官。杜表示與熊無異，並謂此事宜速辦，須於五日撤
盡，因要拆毀鐵路也。高無奈遂又電令安東遵令撤退，
高主席不勝惜惋，惟鐵路未拆毀，係因高之力爭耳。

## 6 月 11 日

此次來東北，原擬先視察遼寧、安東兩省及瀋陽市後，再轉赴遼北、吉林視察，現因受軍事影響，原計劃不能實現，電院擬將工作結束回京。本日乘平瀋通車赴北平，晚宿錦州。

## 6 月 12 日

上午六時由錦州開車，行至山海關附近，因關內留守營路軌被匪破壞，火車遂停留山海關車站，余偕楊鏡如、吳君平往山海關舊關遊覽。關上所懸「天下第一關」木匾，為新近所製成，其舊匾保存於城內西街小學校中，為明代蕭賢所書，字高約四尺許。

## 6 月 13 日

鐵路已修好，上午九時，火車繼續西開，晚至天津，因平津間落垡附近橋被破壞，遂在天津下車。

## 6 月 14 日

路未修好，仍留天津。

訪友數人

## 6 月 15 日

路局因旅客欲赴平者過多，乃決定由平津兩地同時對開，在落垡換車，下午五時至北平、李蔭翹兄來接，寓東四十一條財務委員會，至七月二日，半月間留平，如東北局勢好轉，仍將赴東北繼續視察。

## 7月2日

是日接瀋陽財政特派員陳公亮電，稅務人員考試仍如期舉行，催赴瀋陽監試，復電即來瀋陽。

## 7月5日

連日接洽赴瀋陽飛機票，未得結果，遂決定本日乘平瀋通車赴瀋陽。十一時抵天津，因前方交通又發生障礙，下午一時車始開行，晚宿山海關。

## 7月6日

下午四時抵瀋陽，寓瀋陽招待所。

## 7月8日

特種稅務人員考試辦理彌封試卷，上午九時開始，下午三時完畢，初、高兩級考生共六十七人。

## 7月10日

稅務人員考試開始。

## 7月13日

稅務人員考試完竣，經過秩序良好，並電院報告。

## 7月14日

訪金靜庵先生，據說東北此次四平街雖戰勝，而危機仍存在，有四點應特別注意：

（一）東北已往軍政各方總感覺事權不能統一，一般

人遂誤為各方不能合作，以致步驟每不能配
合，影響甚大，今後宜如何改正；

（二）要充實軍備，如訓練騎兵，即其一事；

（三）發揮地方力量；

（四）應緩其所應緩，急其所當急，勿急其所應緩，
而緩其所當急。

余覺其所言，甚切合時弊。

## 7月15日

訪吳滌愆主席，暢談各種問題，除軍事外，吳先生
對東北經濟問題歷年辦理未善，不勝憂慮，如就大豆一
項而論，每年收復區產量約六十萬噸，除留地方外，尚
可出口三十萬噸，但去年僅出口約十萬噸，致影響東北
經濟不小。

## 7月16日

上午七時與金靜庵先生乘火車赴鞍山，九時半抵鞍
山市，即往訪鋼鐵公司邵逸周經理，下午參觀各工廠，
晚宿迎賓館。

## 7月17日

原定本日回瀋陽，因轉鄉間遊覽，仍留鞍山。

## 7月18日

上午返瀋陽，並定即日回北平，東北工作告結束。
回平後又接院令參加平津冀軍政督察團工作，團辦公處

暫借東交民巷舊日本使館。

# 參加平津冀軍紀吏治
督察團工作

民國三十六年春，監察院奉國民政府主席電令，略以平津為華北政治樞紐，軍紀吏治至關重要，應切實督察，以期澄清吏治，嚴肅軍紀。監察院奉令後，當將原電轉飭河北監察使署擬具辦法報核。使署經將電旨詳加研究，並斟酌當時華北實際情形，擬具平津冀軍紀吏治督察團組織辦法呈復，監察院遂將辦法呈報國民政府，國府交由立法院討論，立法院通過後，國民政府電令成立，並頒發銅質大印一顆。

依照組織法，督察團設團長一人，委員六人。團長由河北監察使李嗣璁兼任，委員六人由監察院監察委員胡伯岳、北平行轅副主任吳奇偉、第十一綏靖公署[60]副主任馬法五、北平市臨時參議會議長谷鍾秀、天津市臨時參議會議長時子周，及河北省臨時參議會議長劉瑤章兼任。

督察團另設秘書一人，辦事員若干人，均由河北監察使署及有關機關調用。當經調派劉象山兼任秘書，[61]並洽借北平東交民巷舊日本大使館為團址，於六月間正式成立辦公。

督察團正式成立後，除由各委員分別在平津冀督察外，同時在報端通告，接受人民書狀，具狀人不願透露姓名者，一律保密，遇必要時，且負責保障其安全。依據督察團辦法，凡在平津冀地方之文武官吏有貪污瀆職

---

60 十一綏靖公署，即保定綏靖公署。按：第十一戰區長官部於1947年2月改組為保定綏靖公署，受國民政府軍事委員會委員長北平行營督導。

61 劉象山，時任監察院河北監察使署秘書。

及違犯軍紀者，一經查實，可直接指揮當地憲兵警察，即日移送法院或軍法機關審訊。故自督察團成立後，人民舉發官吏違法舞弊之書狀，紛至沓來，幾於日不暇給。計自成立以迄結束期年之間，接受人民書狀，不下兩千餘件，直接調查者約二百餘件，其情節較輕者，多數函請其直屬上級機關查明辦理，而書狀中未能列事實，或雖有事實，審核不合情理者，均通知具狀人補具事實或補陳佐証，如不能補陳，即認為所告不實，予以存查，蓋既防挾嫌誣告，亦以督察團限於時間及人力財力，無法逐案調查也。

在一年之間，督察團處理案件之中，其情節重大者如天津市警備司令盧濟清中將經天津市民于姓兄弟控告仗勢詐財，並檢呈証據，經詳加調查，証據確鑿，乃函請行轅辦理。詎行轅主任李宗仁多袒庇，於是由團檢附証據直接電請國府主席核示，旋奉電令，盧濟清即行撤職，交軍法審理，結果判處有期徒刑十二年。

又十一綏靖公署高級參謀苑崇毅冒名詐領房產（前門外舊瑞豐祥等房產），轉售圖利，經人告發，調查屬實，當即指揮憲兵押送軍法處審訊，判處徒刑十年。北平敵產管理處科長趙某有與之串通舞弊嫌疑，亦同時移送地方法院審訊。

又天津地方法院首席檢察官陳嗣哲貪贓納賄，聲名狼藉，呈控之狀，不下十餘宗，正調查間，該員竟畏罪潛逃，乃電請司法行政部下令通緝。凡此舉措，均屬大快人心，當時社會輿論，多表讚揚云。

按苑崇毅冒名詐領房屋一案，係具呈向北平敵產管

理處領回，該處主辦其事之科長趙某，實有違法失職並串通舞弊之重大嫌疑，經移送北平市地方法院審訊辦理。一日該院首席檢察官紀元來團見余，據稱本案調查結果係科員陳某所手辦，趙科長尚不知情，擬將陳某起訴。余當即語紀，查明案卷文稿，均為趙科長簽名蓋章，不能不負責任，科員不過受命承辦而已。蓋趙某為北平行轅主任李宗仁之親信，心存袒護，曾示意紀首席如何辦理，余以此知李之無政治常識，對司法橫加干涉也。

# 附記

# 余一生經歷概畧

- 民國六年秋至七年夏在西安執行律師業務。
- 民國七年夏至十年任陝西靖國軍總司令部秘書兼參議。
- 民國十一年至十四年任中學教員。
- 民國十六年任國民革命軍駐陝總司令秘書、中國國民黨特別黨部候補委員。
- 民國十七年，奉派任中國國民黨山西省黨部黨務指導委員。
- 民國十八年至二十二年，任山西省黨部執行委員會常務委員；二十年，開國民會議，任山西省區代表。
- 民國二十二年國民政府任命為監察院監察委員。
- 又民國十八年至二十七年間，中國國民黨第三次、第四次、第五次及臨時全國代表大會（廿七年在武漢）均任代表。
- 民國二十七年九月奉軍事委員會派兼任戰區軍風紀第一巡察團委員。
- 民國三十一年七月調任兼戰區軍風紀第四巡察團委員。
- 民國三十三年十二月奉監察院派兼任戰區第二巡察團主任委員。
- 又民國二十九年十二月至三十四年七月間，先後奉國民政府簡派任高等考試初試監試委員前後共六次。
- 民國三十六年一月奉派辦理高等考試及格人員縣長挑選第三次考後挑選監挑事宜。

- 民國三十六年四月國民政府派為三十六年第一次司法人員考試監試委員。
- 民國三十五年開制憲國民大會，任山西區域代表。
- 總統提任余為大法官年月日
  第一屆　民國三十七年七月十四日
  第二屆　民國四十七年九月十五日
  第三屆　民國五十六年八月十四日
- 國民政府授勳
  一、國民政府為監察院監察委員胡伯岳著有勳勞，授予三等景星勳章（三十三年一月一日）
  二、國民政府為胡伯岳在抗戰期間著有勳績，特頒給勝利勳章（三十四年十月十日）

　　余任監察院監察委員共十五年，民國二十二年二月起，三十七年憲政實施之日止，憲政實施後任司法院大法官。

民國日記 100

# 胡伯岳日記（1942-1947）

The Diaries of HU Pou-yeh

| | |
|---|---|
| 原　　著 | 胡伯岳 |
| 主　　編 | 劉維開 |
| 總 編 輯 | 陳新林、呂芳上 |
| 執行編輯 | 林弘毅 |
| 封面設計 | 溫心忻 |
| 排　　版 | 溫心忻 |

出　　版　開源書局出版有限公司

香港金鐘夏愨道 18 號海富中心
1 座 26 樓 06 室
TEL：+852-35860995

民國歷史文化學社 有限公司

10646 台北市大安區羅斯福路三段
37 號 7 樓之 1
TEL：+886-2-2369-6912
FAX：+886-2-2369-6990

初版一刷　2023 年 6 月 30 日
定　　價　新台幣 450 元
　　　　　港　幣 116 元
　　　　　美　元　17 元
ISBN　978-626-7157-96-1
印　　刷　長達印刷有限公司
　　　　　台北市西園路二段 50 巷 4 弄 21 號
　　　　　TEL：+886-2-2304-0488

http://www.rchcs.com.tw

版權所有・翻印必究
如有破損、缺頁或裝訂錯誤
請寄回民國歷史文化學社有限公司更換

國家圖書館出版品預行編目 (CIP) 資料

胡 伯 岳 日 記 (1942-1947) = The diaries of Hu Pou-yeh, 1942-1947/ 胡伯岳原著 ; 劉維開主編 . -- 初版 . -- 臺北市 : 民國歷史文化學社有限公司 , 2023.06

面；　公分 . -- ( 民國日記 ; 100)

ISBN 978-626-7157-96-1　（平裝）

1.CST: 胡伯岳　2.CST: 傳記

782.887　　　　　　　　　112009048